クリントンから
トランプ、
バイデン政権まで

吉弘憲介
Kensuke Yoshihiro

アメリカにおける
産業構造の
変化と租税政策

Tax Policy
of Industrial
Structure
Change in
the U. S.

ナカニシヤ出版

目　　次

CHAPTER 1
アメリカ産業構造の変化と法人税に対する政策税制 …………… 1

1　本書の狙い及び法人税を通じた政策展開　1
2　アメリカにおける租税支出　3
3　減税の政治と法人税　4
4　具体的な企業による実効税率の推移について　8
5　海外展開はどの程度法人税を圧縮しているのか　13
6　主たる海外子会社等を用いた租税回避手法について　14
7　設備投資と雇用の関係の変化　18
8　無形資本の動向と税制との関連　22
9　内国的な中立性への粘着と他国への回避を含めた公平性の
　　問題の複合化──各章概説　26

CHAPTER 2
1990年代の法人税に対する租税支出はなぜ企業負担を減じなかったのか？
産業構造と企業規模別からの分析 ……………………………… 31

1　1990年代における産業向け租税支出の位置づけ　31
2　1980年代から90年代にかけての制度変化
　　──租税支出の動向を中心に　33
3　1990年代の産業振興的租税支出──加速度償却制度（ACRS）
　　と中小企業向け租税支出を中心に　40
4　小括──産業構造変化と陳腐化する加速度償却の帰結　52

CHAPTER 3
時代遅れの減税措置、加速度償却制度はなぜ生き残ったのか？
残余的・政治的妥協としての制度へ　……………………55

1. 蘇る投資促進策としての加速度償却　55
2. 償却制度の拡張過程について　57
3. 償却制度をめぐる経済効果と政治過程　64
4. 小括——償却制度を通じた資本蓄積の政治経済的側面について　70

CHAPTER 4
アメリカ法人税の「古い」アジェンダ、二重課税問題
金融資産優遇への傾斜による解決　……………………73

1. 配当所得減税の背景　73
2. 配当所得減税の内容について　75
3. アメリカの減税政策をめぐる政治的状況　76
4. 2003年配当所得減税による経済的効果　78
5. JAGTRRA2003における配当所得減税をめぐる政治過程　87
6. 小括——リベラルにおける再分配の論理の再建の困難　91

CHAPTER 5
オバマ政権における包括的税制改革の潮流
法人税改革のアジェンダ変化の実態　……………………93

1. オバマ政権下の財政・経済政策の展開　93
2. オバマ政権下における財政赤字・累積債務問題　95
3. 下院歳入委員会における包括的税制改革協議　105
4. 小括——2000年代の歳出改革と増税提案の調整の困難とその帰結　112

CHAPTER 6
国際化する企業行動と税制改革の実態
2017年トランプ税制改革における法人税改革・・・・・・・・・・・・・・・・・・・・・・・・・・123

    1 本章の目的   123

    2 2017年改革の概要   125

    3 2010年代の国際課税制度の変更に関する主要議論の論点   131

    4 2010年代の国際課税改革方針と2017年税制改革の文脈比較   137

    5 小括——法人税の国際化におけるアメリカ内部の論理展開   141

FINAL CHAPTER
グローバル化反転の時代の政策税制
バイデン政権のインフレ削減法を材料に・・・・・・・・・・・・・・・・・・・・・・・・・・・・・145

    1 租税政策に反射する産業構造変化   145

    2 知識産業における実物投資の再帰的意義   147

    3 インフレ削減法の全体像について   148

    4 実物投資と税制をめぐる政治経済学的論点について   154

註   157

参考文献   165

おわりに   175

索引   181

CHAPTER 1
アメリカ産業構造の変化と法人税に対する政策税制

1 本書の狙い及び法人税を通じた政策展開

　本書は、クリントン政権からトランプ政権までの四半世紀にわたるアメリカの法人税制度の変遷から、税制を通じた経済政策の効果と、政策ツールとしての意味、その形成過程を実証的に明らかにしようとする研究である。

　財政学において、税は強制性、無償性、収入性を有する政府の財源である。また、国家の暴力の独占を背景に行われる制度である。そのため、税の課徴にはそれ自体を正当化する規範論が必要となる。近年では、租税の正当性を根拠づける規範論として、課税の公平性、経済的影響に対する中立性、制度そのものの簡素性の3つが定着している。

　一方で、税制は一種のレントを作り出す機能も有している[1]。特定の産業、活動、分配などに政府の直接支出ではなく税制を通じてインセンティブを付与する手法は、租税原則における公平性や中立性を部分的に損なう恐れがありながら[2]、現在、近代的租税制度を備えるほぼすべての国で行われている。

　本書が主たる研究対象とするアメリカは、特に税制を通じた政策実施が盛んな国として知られている。それは、アメリカが、各国と比較して早い段階で租税政策の統計的可視化を行ったこととも無関係ではない（佐藤 2020 pp.79-80）。アメリカの予算制度上、直接支出を伴う政策の成立が難しい反面、税制上の特権を利用した分配や配分の仕組みは比較的容易に成立可能であった（Schick 2000 p.151）。このような政策の実務的側面もアメリカにおける税制を通じた経済政策の普及を後押ししたとされる[3]。

　先に挙げた公平・中立・簡素という3つの租税原則は、アメリカ連邦政府が行ってきた個人所得税と法人税への各種政策税制を整理し、名目税率の引

き下げと課税ベースの拡大によって歳入中立な形で税制改革を進める際に特に用いられた（渋谷 2005 p.44）。

　この3つの原則に基づいて実施されたのが、1986年にレーガン政権下で行われた Tax Reform Act of 1986（「1986年税制改革」）である。レーガンは1981年には大幅な減税を組み込んだ税制改革を実施していたが、財政赤字の累積や、税制の複雑化への批判を受けて、86年改革を実施している。

　この際、経済政策の側面では産業間の取り扱いの中立性が議論され、特殊な減価償却制度である加速度償却の整理や投資税額控除の廃止など、法人税における各経済主体間の中立化が目指されたといえる[4]。しかし、81年の政策減税は、あくまでもアメリカ国内で大規模投資を行いアメリカ国内で生産を拡大する企業への税制上のインセンティブ（つまり、レント）をどのように設定するかという議論のもとに行われた。また、86年はいわば81年改革と合わせ鏡の議論であり、国内の競争条件の平準化を税制の水平化の論理として適用したといえる。

　一方、1980年代半ば以降、アメリカの経済構造自体は急速に変質した。付加価値の源泉と主たる労働力の吸収先が、製造業から金融、サービス産業へと移り脱工業化が進んだ。生産、雇用、販売、消費における企業の経済活動の舞台は、アメリカ国内にとどまることなく世界中に広がっている。このような産業構造の変化と国際化は、当然のようにそれに付随する法人税制度そのものにも変化を迫るものとなった[5]。

　本章では、アメリカにおける1990年代以降の法人税制度を取り巻く環境変化から、税制改革の焦点がどのように変化したのか各種統計資料等をもとに描いていく。また、各章における論点を概括的に整理することを目的としている。

　このような税制を通じた政策は、日本の財政学においては租税特別措置の名で知られ、国際的には租税支出（Tax Expenditure）と呼ばれている。本書では、特に断りのない限り、租税支出の名で税制を通じた経済政策を表すこととする。

2　アメリカにおける租税支出

　租税支出とは、税制上の優遇措置を、これを直接支出に代替して支出される政府歳出とし、そのリスト化と予算編成過程における提出によって議会制民主主義のもとでコントロールすることを目的に、スタンリー・サリーにより 1960 年代に確立された議論である（Mozumi 2017）。

　1974 年財政法（The Budget Act (Section 3 (3) of Public Law 93-344)）では、これを「（租税支出とは）連邦所得税法において許された、（特別な）非課税所得、基礎控除、調整前所得からの所得控除、（特別な）税額控除、優遇税率、租税負担の繰り延べ措置、のことである。」と定義している。また、連邦所得税と法人税に関しては、議会に対してリストの提出が義務化されている[6]。

　現在、アメリカにおいて租税支出のリストを提出している機関は、アメリカ財務省と両院租税委員会（Joint Committee on Taxation）の 2 つである。両組織では、リストや租税支出を計算するための根拠方法が時期によって若干異なっている。

　財務省は、1968 年以来、租税支出のリストを提出しており、これは、連邦予算書内の分析的展望論（Analytical Perspectives）として収録されており、他の歳出歳入予算と別に記述されることで独自リストとしての役割を果たしている。

　租税支出の算出方法では「歳入ベース法（revenue base）」が最も古いものとなる。これは、歳入見込みから同制度の影響を単純推計し減算する方法である。1980 年代に入り、財務省はこれに加え歳出ベース法（expenditure base）を試算している。これは直接支出に代替した場合の租税支出の影響額を推計している。

　算出の際、現行の制度が租税支出かどうかを判定するために必要とされるベースラインを理論的な包括的所得税とするか、所得控除の範囲（例えば基礎控除や扶養控除といったもの）を現行法に近いものにするかによって、租税支出として見積もられる制度が変更される。財務省は参照課税ベースを度々

変更しており、後述する両院租税委員会よりも現行制度に近い狭い課税ベースを採用する傾向にあるとされる。

　2000年代には所得ベースでなく支出税ベースを採用した場合の租税支出の規模を推計しており、アメリカにおける現行制度及び包括的な税制改革を意識した形で報告書が提出されているといえよう。

　両院租税委員会は1972年から租税支出算定報告書（Estimates of Federal Tax Expenditures）の名で、租税支出のリストを提出している。財務省の報告書よりも比較的項目や算出法に変化がないため、時系列での分析を行う場合はこちらの統計を使うのが望ましいとされる（Altshuler & Dietz 2011 p.461f）。

　アメリカの租税支出の規模は、先進諸国中最大であり、対GDP比で2％を超える規模が供されている（谷・吉弘 2011）。アメリカで租税支出が活発に利用されることについて、政治学者のハワードは『隠れた福祉国家』（Howard 1997）の中でアメリカが直接支出だけでなく、租税により間接的に再分配を行う福祉国家であり、勤労所得税額控除や住宅ローン利子控除を主たる手段に用いてきたと指摘している。

3　減税の政治と法人税

　経済政策の側面から理解するとすれば、租税支出とは、国家が保有する徴税権に一定の差別措置を設けることで作り出すインセンティブの一種であるといえる。そして、租税支出という概念が直接支出と比較するために、その政策コストの可視化を狙ったものであるというのも述べたとおりである。しかし、コストの可視化は、租税支出を各団体にレントとして分配する政治家や利益団体にとっては不都合なものとなる。財務省の算定方法は、かねてより実際の減税額よりも過少に算定される傾向にあることは、こうした租税支出をめぐる政治と無関係ではない。

　減税を通じた配分政策を、最も積極的に実施したひとりであるロナルド・レーガンは、1981年減税法で多数の租税支出を新設した。とくに産業や企業活動、個人の投資活動への減税は大きく、いわゆるサプライサイド経済政策に基づいた一連の減税政策は、その後、連邦政府の巨額の財政赤字につなが

ることとなった。

　レーガンが実施した減税政策において、アメリカ経済の産業政策の一部として実施されたのが加速度償却制度（Accelerated Cost Recovery System）と、投資税額控除（Investment Tax Credit）であった。加速度償却制度は、200％定率法をもとにした企業による投資の減価償却を経済償却期間から大幅に短縮することで、税務上の資本コストを圧縮する制度である。とくに寿命の長い工作機械や石油採掘機械などの償却期間の圧縮は、税引き後投資利潤に影響を与え、産業別でみた場合の中立性を大きく損なったものと評価されている。

　ただし、アメリカの減価償却制度は、1981年以前から本来の企業会計におけるコスト計算の概念から乖離した「減価償却の自由」の概念を掲げていたとされる。アメリカにおける法人所得税の減価償却制度は、鉄道会社や大規模設備投資が必要な工場制大工業が発展するなかでコスト計算の必要性から生じる、いわゆる会計理論的な控除の発展から、種々の歴史的展開に応じて設備投資の促進策として用いられるようになっていく。

　その背景には、1918年の第1次大戦、1940年の第2次大戦、1955年の朝鮮戦争期に税制上の特別措置として連邦所得税法に導入された経緯がある。当初は、国防関連の設備投資のみに対して、5年間での残存価値なし償却を認めることで戦時下での投資の活発化を狙った政策であった。ところが、このような一種の戦時補償措置であった特別償却制度は、その制度自体が投資促進を生じさせることが「発見」された結果、景気刺激策としての役割を演じるようになる（古田 2016 p.266）。すなわち、個人の累進所得税などと同様に、加速度償却制度もまた、「戦争の遺産」としての側面を持っている。

　一方で、1970年代までのアメリカにおける税務会計上の減価償却制度は、資本コストの計算について一定の合理性が求められており、その意味では企業会計から完全に乖離してはいなかった。ところが、1981年の加速度償却制度はそれまでの償却期間についての財務省が監督する見積もり耐用年数から、これを7区分（修正加速度償却である現在では有形固定資産6区分、不動産2区分）の固定的な期間にわけて定率法をもとに算出することとなった。これは、企業における投資コスト計算としての減価償却としての役割と、税務会計上

の減価償却の役割を分けるものであり、両者の乖離は1981年改革を期に決定的となったとされる（同 p.277）。

このように減価償却制度を通じての資本蓄積政策は、戦間期を通じて形成されるなかで、サプライサイダーにとってもケインジアンにとっても一種の合理性を持つ制度となっていった。

政策税制によって企業側が資本蓄積を進めることは、必然的にそれら資本の拡大による雇用量の増加をもたらす。税務上のインセンティブとして、常に新規資本への更新や資本の拡大的傾向が合理的であるとすれば、それは雇用増加の効果としてマクロ経済的な成果につながることが期待される。実際、第2次大戦後のマクロ経済政策においては、アメリカだけでなく他国においても償却制度を一般的な原価計算から乖離させ、租税支出としての役割を担わせることがケインズ政策や資本蓄積政策の観点から語られてきた（大橋 1985 序章；森川 1978 第1章）。近年でも、2018年にカナダにおいて隣国であるアメリカを参考に、加速度償却制度が導入されている[7]。

レーガンが採用したとされるサプライサイド経済学では、加速度償却は法人税負担として国庫に納付される一部を、企業の短期流動性に転換する政策と理解できる[8]。企業側も課税されるよりは資本蓄積を進めることにより投資を増加させるため、加速度償却制度はサプライサイド経済学の視点からも整合的な政策となっている。しかし、サプライサイド経済学で想定されていたこのような仮説は、現実的には成功することはなかった。アメリカの1980年代の経済成長率は他の時期と比較しても決して高くなく、むしろ低成長時代に分類される。巨額の財政赤字の発生は、その後のアメリカ経済を拘束する双子の赤字問題につながっていくことからも、投資促進を狙った減税政策は思ったような効果を生まなかったといえる。

ただし、1981年の投資関連税制の変更は、当時アメリカにおいて進んでいたインフレーションによる減価償却の調整という側面も有していた（渋谷 1992 第2章；宮島 1986）。実際、知識産業が隆盛となるなかでも設備投資の促進と、その税務上の取り扱い自体はアメリカのビジネス業界の大きなアジェンダのまま残ってもいる[9]。

この点を確認するうえでも図1-1を見ていこう。この図は、1991年から

2020年までの30年間において、アメリカの租税支出統計上、法人部門において修正加速度償却制度と外国子会社における海外利益への課税留保との租税支出額が、上位5位中どの順位であったかをカウントしたものである。

1990年代は86年税制改革により、償却制度の額そのものは大きく伸びなかったが、加速度償却は法人税負担削減影響額においてつねに1位を維持してきた。変化が生じるのは2004年以降である。それまで総額で5位以下であった外国子会社における海外利益への課税留保が5位に浮上していく。1年を挟んで2007年には3位、その後、2012年以降は法人税の租税負担を最も縮小させるのは、この外国子会社の海外利益に対する租税上の特別措置によるものとなる。

図1-1は、企業における法人税回避戦略において、内国的な設備投資等への優遇措置により租税負担を縮小してきた時代が終わり、グローバル・ビジネス下でどのような節税効果を得るかが重要となったことを明確に表している。これは、86年税制改革以来の包括的税制改革のテーマである公平・中立・簡素の原則、あるいは「広い課税ベースと低い税率（Broad Base and

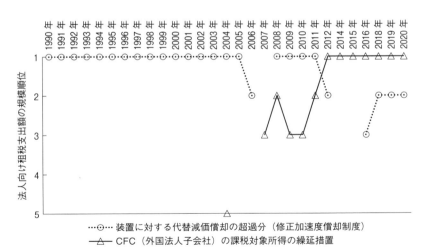

図1-1 法人向け租税支出における修正加速度償却と外国法人課税繰延措置のランキング（ただし上位5位以内の場合）

出所）Joint Committee on Taxation, *Estimates of Federal Tax Expenditures*, various years、より筆者作成。

Low Rate, BBLR）」という従来の包括的税制改革の指針に対して[10]、グローバル化への対応という新たな要素が強く立ち現れたことを示すことでもあった[11]。

内国的な租税論の原理である中立性の議論だけでなく、2000年代以降に強く法人税制度に突きつけられる課題が企業のグローバルな活動への対応であった。1986年税制改革以来、最大の包括的税制改革となった2017年減税・雇用法（Tax Cut and Jobs Act of 2017, TCJA2017）は、1）全世界課税方式から域内課税方式への転換、2）海外利益の取り戻しに対する1回限りの低税率課税による過去の繰延分調整、3）外国における知的財産からの利益についての特別増税、4）パテントボックス課税の採用など、矢継ぎ早に「法人税の国際化（あるいは法人税制度による企業利益の国際還流の競争への参加）」を打ち出した[12]。

こうした国際化による恩恵は、一節にはGAFAと呼ばれる巨大ICT企業によって得られているとされる（諸富 2020）。しかし、そもそもアメリカの多国籍企業は情報通信産業以外も投資の軸足を海外に移転させ、かつそれによる租税回避策を採用している。続いて、いくつかの実際の企業の実効税率データを確認することで、いかなる企業において国際化が法人における租税回避利用の恩恵を与えているのかを見ていこう。

4　具体的な企業による実効税率の推移について

ここでは、図1-2から具体的なアメリカ企業の実効税率の推移を確認しておく。データはアメリカ証券取引委員会（U.S. Securities and Exchange Commission）において公開される財務諸表（Form 10-K）を参考に作成している。なお、同委員会サイトにおいて公開されているデータは最も古いものでも2001年までとなるため、これ以前については参照されていない。

図1-2は、アップルとウォルマート、GEの3社の実効税率と連邦税制の法定税率との差を表している。アップルはいわゆるGAFAの一角に数えられる、アメリカのICT企業の成長筆頭株といえる。また、ウォルマートはアメリカの雇用構造そのものにまで影響を与えたとされる小売業界の巨人であ

CHAPTER 1　アメリカ産業構造の変化と法人税に対する政策税制

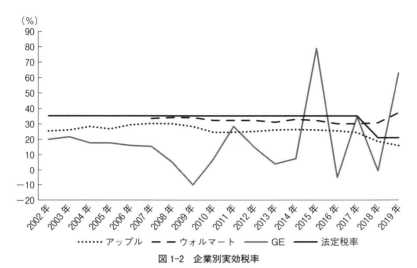

図 1-2　企業別実効税率

出所）U.S. Securities and Exchange Commission, EDGAR, Various Companies Form K-10, より筆者作成。

る。GE はトーマス・エジソンを祖に持つアメリカ資本主義社会の象徴的企業といえる。いずれも、アメリカ社会を代表する巨大企業といえるであろう。

　さらにいえば、小売という内国的マーケットを主軸とするウォルマート、グローバルな企業活動を先導するとされる ICT 産業、そして戦前戦後のアメリカ社会を支えた製造業の 3 業種についての特徴を見るうえでも適当なものと考えられる。

　これまでの議論では、GAFA 等の ICT 企業は国際化により利益を外国に移転し、アメリカの連邦所得税を回避しようとしているとされる[13]。アップルの実効税率は法定税率よりも 10％ 程度低い状態が続いており、その最大の要素は、「海外子会社利益に対する無期限投資（Indefinitely invested earnings of foreign subsidiaries）」である。その実効税率への影響を示したものが、図 1-3 である。

　2003 年に実効税率を 14％ 以上引き下げる効果を持った海外子会社による租税回避は、その後、やや戻すも継続して高い割合を示している。税制改革が行われる 2017 年までは平均して 8.5％ 程度の減税効果を海外子会社に対する利益の据え置きが実現している。しかし、GAFA はたしかにアメリカ産

9

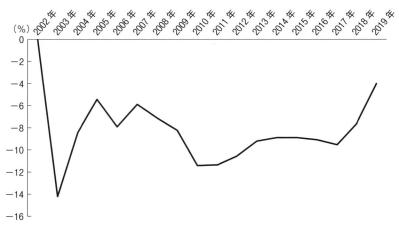

図 1-3　アップルの連邦所得税の実効税率に占める外国子会社投資利益に対する減税措置が影響するパーセントポイントの推移

出所）U.S. Securities and Exchange Commission, EDGAR, Apple Inc.（AAPL）（CIK 0000320193）Form K-10, より筆者作成。

業界の新たな特徴であるため、そのグローバル・ビジネスの展開が象徴的に語られる面がある。

　国際的な事業展開が節税効果をもたらしていることはデータからも明らかであるが、その効果が大きいのは実は大規模製造業でも同様であることがGEのデータから読み取れる。再び図1-2に戻ってGEの実効税率に注目しよう。すると、平均的な実効税率は3社のなかで最も低く、2009年と2016年には一時的に税率がマイナス（すなわちむしろ繰り戻しによる収入が生じている）に転じている。

　GEは2015年に商業銀行部門を整理した影響から、実効税率の乱高下が激しいが、1998年から2014年までの海外子会社への利益の再投資による減税効果は14.6％とアップルを凌ぐ規模となっている（図1-4参照）。これは、GEが現状では単純な製造業企業ではなく、プラントやそれにまつわる知的財産を組み合わせた資産から収益を得ている複合企業体（コングロマリット）であることを示しており、このような産業部門と国境をまたぐ産業において、むしろグローバル・ビジネスに伴う節税行動が顕著に講じられていることが示されている。

CHAPTER 1　アメリカ産業構造の変化と法人税に対する政策税制

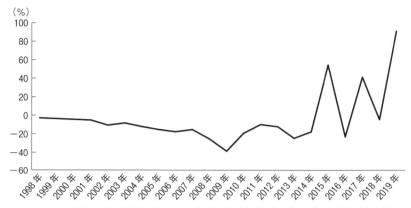

図 1-4　GE の連邦所得税の実効税率に占める外国子会社投資利益に対する減税措置が影響するパーセントポイントの推移

出所）U.S. Securities and Exchange Commission, EDGAR, GENERAL ELECTRIC CO（GE）（CIK 0000040545）Form K-10, より筆者作成。

　このような国際的な事業展開がやや乏しいウォルマートなどの内国的産業においては、実効税率もほぼ法定税率近傍に張り付いていることが確認できる（図 1-2 参照）。ただし、近年のアメリカにおける雇用吸収源は、まさにウォルマートなどの内国サービス産業が中心である。企業の剰余価値の蓄積活動が内国から海外に移るなかで、企業に対する減税を通じて完全雇用等の政策につなげるパスがつながらなくなっていくのが 1990 年代以降のアメリカ法人税にまつわる政策税制の特徴ともいえよう。

　海外利益を外国子会社に留保することで生じる節税効果であるが、それは各企業における実物投資を通じた節税効果と比較して、どの程度のボリュームを示すのか続いて検討する。個別企業の税務会計データによる減価償却額は公開されていないため、ここでは先に用いた財務諸表上の減価償却額（DE）[14]と、推計した海外子会社への留保に対する節税名目額（FT）とを指数化（$DFI = \frac{DE}{FT}$）しその推移を観察する（図 1-5）。

　DFI が 1 以上であれば減価償却費の実額が大きく、1 を下回れば海外子会社を通じた節税効果が減価償却よりも大きいことを示している。なお、ウォルマートは海外子会社による効果が小さく、実効税率も法定税率とほぼ同じであるためここでは除外している。まず特徴として、GE は商業銀行の整理

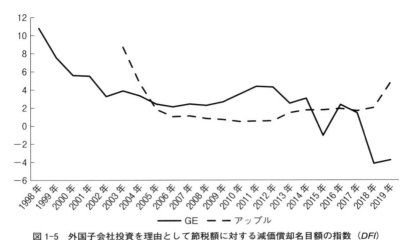

図 1-5　外国子会社投資を理由として節税額に対する減価償却名目額の指数（*DFI*）
出所）U.S. Securities and Exchange Commission, EDGAR, Various Companies Form K-10, より筆者作成。

　以前（2015年より前）においては、90年代後半から2005年まで海外子会社留保による影響が拡大してきたことがうかがえる。その後、リーマンショックの影響などから、再び国内の減価償却費が上昇していくが、その水準も1998年の10倍差（減価償却が海外子会社留保を10倍以上上回っていた）の時期にまで到達することはなく、4倍を若干上回る水準にとどまっている。

　より象徴的なのはアップルで、GEと同じく2002年当初は減価償却の実額のほうが大きかったものの、その後、2012年まではほぼ一貫して海外子会社による節税効果の影響が増大していった。また、2008年から2012年の4年間では、減価償却費よりも海外子会社留保のほうが実額としての影響で上回っており、税務会計上の影響を考えても、アメリカ国内での設備投資に対して海外での事業展開を通じた租税コストの縮減が大きいことが予想できる。

　アップルは、その後、減価償却費の相対的割合は上昇していくが、GEほど大きくなく2倍以下の規模で推移してきた。しかし、2017年税制改革の影響などから、外国子会社に対する課税ルールの大幅な変更により、近年では海外子会社利益を通じた節税規模、及び節税の率そのものは低くなってきている。

5 海外展開はどの程度法人税を圧縮しているのか

　先にも見たようにアップルやGEといったグローバル企業は、海外子会社利益の留保やアメリカ以下の低税率国での事業を行うことで租税負担を減少させている。実際、2009年のGEの有価証券報告書（Form 10-K）には、GEの実効税率の低さに関する理由について、グローバルな事業活動による低税率の恩恵を挙げている。同時に、2009年と2008年の海外利益をアメリカ国外に無期限再投資することを決めたとしている（General Electric Company 2010）。

　また、同社の2018年の報告書では、具体的な国名を挙げて、外国への投資による節税効果を議論している。それによると、アメリカの法定税率よりも低い税率で課税される国での事業活動に関連した事業は、アイルランドの航空機リース事業（収益は12.5％で課税）、スイスの電力事業（収益は9％から18.6％で課税）、及び欧州のヘルスケア事業（特定の無形資産に対する税額控除が認められ、収益はアメリカの法定税率よりも低く課税される）に由来しているとしている（General Electric Company 2019）。

　また、グーグルを運営するアルファベット社も、2015年の有価証券報告書で低下する実効税率の原因として、法定税率の低い国で実現した収益の増加を挙げている（Alphabet Inc 2019）。2017年税制改革以後においても、法定税率の低さについて、アメリカと比較しても低い法定税率を備えるアイルランド子会社によって獲得された収益によって実効税率が低下したことが述べられている[15]（Alphabet Inc 2018）。

　このように多国籍企業の多くが、国際的な制度間の違いを利用して租税回避を行う理由について、スレムロッドはフォーブス誌の内容を紹介しながら、法人税の高さが企業の潜在的なウィークポイントであるという認識が広まっていることを紹介しており、企業も各会計企業に対して税負担の削減を可能にするプランを要求する傾向がでていることを紹介している[16]（Slemrod 2004）。

　アメリカにおいてこのような租税回避がどの程度の規模に上っているかに

ついては、推計方法の違いにより幅がある。グラベルは、複数の推計を紹介しており、最低でも100億ドル、最大で900億ドルの法人税収のロスがあると述べている[17]（Gravelle 2015）。また、フィッシャーは財務省による推計として820億ドルの税収ロスが生じているとしている（Fischer 2015）。クルージングは最も大きく歳入ロスが1000億ドルに上るとしている（Clausing 2020）。

　いずれにしても、国際的な資本関係を利用した租税回避の規模は法人税収との相対的な規模と比較してみてもアメリカ社会において無視しえない大きさになっていることは明らかといえる。また、国際的にもこれらの問題がOECDなどを中心にBEPS等の動きを生んでいることや、世界的な租税回避の規模に関する議論も活発に行われている[18]。企業によっては、こうした租税回避が企業のリピュテーションに影響を与える点から、あえて内国の高い税率を負担していることを主張したりもしている。あるいは、共和党上院議員であるグラスリーの発言にも代表されるように、アメリカ国民にとっては多国籍企業が行う租税回避は、仮にその回避により利益を受けるのがアメリカの資本家や富裕層であったとしても、「不道徳（they're sure immoral）」と評されるのは致し方ないようにも思える（Slemrod 2004）。しかし、デュブォールらも言及しているようにそもそも税制とは自発的なものではない（not to be voluntary）[19]（Devereux, et al. 2021）。

　企業が自由競争社会においてコストを削減して利潤を蓄積しようとする運動は、剰余価値の無限の蓄積という資本主義社会に課せられた法則である。この点からいえば、各国間の制度のズレを用いて租税回避を行うことはコスト削減の観念から合理的な選択になってしまう。そのため、各国は調整と綱引き、調和と利己的な資本誘引策をときに織り交ぜながら対応せざるをえない状態になっているといえよう。

6　主たる海外子会社等を用いた租税回避手法について

　それでは、アメリカにおいて具体的にいかなる国際的課税回避が行われているのかについて、いくつかの代表的手法をグラベルの整理に依拠して述べておく（Gravelle 2015）。

外国子会社の利益や、その存在を用いて法人税の課税を引き下げたり回避したりする手法として、グラベルは、次の5つを代表的な方法として整理している。

すなわち、1）企業間の債務配分を用いて実施する過大支払利子（Allocation of Debt and Earnings Stripping）、2）移転価格税制（Transfer Pricing）、3）請負製造契約方式（Contract Manufacturing）、4）チェックザボックス方式及びハイブリッド事業体を用いた租税回避（Check-the-Box, Hybrid Entities, and Hybrid Instruments）、5）外国税額控除を利用した国内法人税の削減（Cross Crediting and Sourcing Rules for Foreign Tax Credits）である。

「企業間の債務配分を用いて実施する過大支払利子」を利用した租税回避策とは、次のようなものである。法定税率の高いエリア（税制改革前のアメリカなど）において、債務の利子支払いが所得控除される場合、利子払いの調整を通じて行う節税方法である。例えば、利子受け取りが低税率で課税される国に立地した関連会社が高税率の国の関連企業に貸付を行う。この際、高税率の国は支払い利子を課税所得から控除することで税負担を回避することが可能となる。

一方、外国の関連会社は受け取り利子について低税率（ケースによってはまったく課税されない場合もあり）で課税される。これは、グループ内で高税率国で課される予定であった所得を、グループ内の貸借関係を通じて低税率国に所得を移す行為であるといえる。この手法は、アメリカに本社を置く企業にとっては持ち株比率規制等によって利用しづらいが、アメリカを支社とする場合には利用可能性が広がる。

このため、2000年代には、低税率国の企業の子会社になることでこの租税回避を達成しようとする方法が問題視された。アメリカが本社であるファイザーがイギリスの製薬会社であるアストラゼネカの子会社になることで租税回避を達成しようとする合併行為についてオバマ政権が強い危機感を示したことは有名である。

移転価格は、アメリカの多国籍企業の租税回避策として全体の半数を占めるとされる最もポピュラーな手法である。高税率国の関連及び親会社の商品価格を引き下げ、低税率国の関連及び親会社に利益を集約する手法である。

低税率国は、財・サービスを関連会社からそれ以外の会社よりも割安に購入することでコストを圧縮し結果的に課税対象所得を低税率国に移転することが可能となる。

　財・サービスの価格はグループであろうと他社であろうと、基本的に同一額であることが前提となるが、この規制に関して主に知的財産権を利用した移転価格が用いられる。アメリカで開発された高額な知的財産権を低税率国の関連企業に市場価格と比較して低い価格でライセンス契約させ、グループ内の課税前利益を低税率国に移転する手法である。有形資産は比較対象商品が多数存在し、参照価格が判断できる。しかし、自社で独自に開発された知的財産権は、類似商品と比較して第三者取引価格（アームレングス価格）を確定することが困難な場合が少なくない。

　また、生産コスト等を参照にして商品価格を設定するケースでも、複数企業での開発（コストシェアリング）による知的財産権については、第三者取引価格を確定することはより困難となる。

　移転価格を用いてタックスヘイブンに所得を移転する場合、知的財産などの無形資本の開発資本も技術のない国に資本が移転されることも問題視されている。その例示とされるのが、アイルランド・ダッチ・サンドイッチである。

　これは、国内で設立されても事業活動の中心が海外の場合には、外国法人として扱われることで事業所得が非課税となる制度を利用した節税方法である。さらに、オランダは使用料についてアイルランドと非課税の租税条約を結んでいた。この2カ国の租税条約と、所得や事業体に対する扱いの違いを利用して、低税率かケースによってはまったく課税を逃れるケースもある。例えば、グーグルはアイルランドの外国法人の根拠地を法人税が0％であるバミューダに位置づけていた。

　請負製造契約を用いた節税行動は、実際の販売市場の国において製造を行う際に、低税率国との間で製品価格を引き上げる契約を行い、低税率国に利益を移転する。

　チェックザボックス方式及びハイブリッド事業体を用いた租税回避は、アメリカにおけるチェックザボックス方式という特殊な事業申請について理解

しておく必要がある。アメリカでは、事業体が法人かパートナーシップなどの個人所得税対象事業体であるかについて、1996年以降、事業体自身が提出する連邦税務局様式8832において事業体分類選択を行うことで自由に事業体様式を選択できる（様式に示されるボックスにチェックを入れることからこの名がついている）。

このような事業体選択が、いかなる形で租税回避に利用されるかであるが、例えば先に例示として出した債務と利子払いを用いた所得移転のケースでは、事業体同士が実質的に同一法人であると考えられる場合には、アメリカにおける外国子会社所得に対する課税方式であるサブパートF規定に基づいて、子会社への利子払いの損金算入を認めない場合や、アメリカ企業への還流を特別利益とみなすことがある。しかし、ある国では法人とみなされても、別の国では法人とならないケースを利用して、実質的には同一グループにある事業体同士の関係を法律上分断することを可能とする。

また、先程の移転価格税制でも出てきたように、事業体によって帳簿上の扱いが異なる源泉所得などがある。例えば、ある国では負債として扱われながら、ある国では自己資本と認められるような金融商品を利用して利払い控除を受けることを可能にする金融商品などが、こうした国家間制度の違いを用いて活用されてきた。

外国税額控除を利用した国内法人税の削減は、2017年以前のアメリカにおいては、外国子会社の利益送金のタイミングを企業が自由なタイミングで決定できることに起因している。アメリカにおける税金を超過する租税負担を行っている国の租税支払いは、アメリカ国内において外国税額控除の対象となる。このため、低税率国からの利益を実現する際に、高税率国の租税支払い債務を外国税額控除としてアメリカにおいて申請すれば、低税率国から還流する所得へのアメリカでの課税を回避することが可能となる。このような手法を用いることで、多国籍企業は海外子会社からの送金に対する課税を実質上ゼロに圧縮していたとされる。

以上のように、企業の活動が多国籍化することで[20]、租税コストの回避策は、会計制度、税務制度の時間的・空間的差異を複数ミックスして行われている。主要な手法の5つは、それぞれ相互に関連を持って実施されることも

予想され、単一の租税制度と会計規則が実現しない限り、イタチごっこのように回避策の開発は進むことが予想される。

　以上の点から、次の論点が指摘できる。たしかに、2000年代に入りICT企業を中心に海外子会社への利益留保が多国籍企業の節税行動において大きな影響を及ぼすようになった。ただし、それはICT企業だけでなく製造業種を含んだ複合企業体においても同様である。一方、複合企業体は、依然アメリカ国内での設備投資から海外留保を上回る税務コストの縮減を受けていた可能性が指摘できる。また、2017年税制改革の影響からアップルのようなICT多国籍企業も海外子会社による節税効果は緩やかに縮減しつつあることも読み取れる。

　アメリカ国内でもこうした国際的な租税回避は問題視され、オバマ政権では複数の対応法案が講じられてきた。また、その後の議論が2017年税制改革の流れを敷いたことは、のちに詳述することとして、これらの現象が先に見た租税支出の順位とも整合的であることは強調しておきたい。2000年代後半から10年代中頃までに加速度償却制度と海外子会社留保利益に対する課税繰延は順位として入れ替わっていく。しかし、一時的に姿を消す加速度償却制度は、その後2010年代後半には再び2位ではあるものの上位を占めており、その額自体も400〜500億ドルで推移している。

　ここから、アメリカ法人税制を考慮するうえでは依然、減価償却制度による減税効果は無視できる規模ではないともいえる。ただし、かつてケインジアンポリシーの一環として構想された償却制度を通じた資本蓄積と、それに付随する雇用効果については、現状では必ずしもそれを達成することはできていないともいえる。続いて、その関係を主に製造業において確認することとしたい。

7　設備投資と雇用の関係の変化

　設備投資の増加により企業の投資が増えれば、それは直接的に製造業種を中心とした雇用増を生み出すはずであった。しかし、産業の機械化の目的は、マルクスを引用するまでもなく[21]、本来的に雇用に対する投資を減らしより

CHAPTER 1 アメリカ産業構造の変化と法人税に対する政策税制

効率的な剰余価値の蓄積を実現することにある。アメリカにおける産業構造の転換だけでなく、設備投資と雇用の関係はどのように変化したのであろうか。ここでは、製造業を中心に設備投資と一国内経済との関係から議論を深めていくこととする。

図1-6は、1980年から2015年までを5年刻みでとった、産業別でのGDPと雇用量のシェアと、産業別の給与水準のベンチマークをプロットした図である。これを見ると、1980年代までは製造業がGDP及び雇用においても他の産業と比較して圧倒的なシェアを獲得していた。また、給与水準も全米平均よりも相対的に高い水準となっている。つまり、アメリカ中間層を代表する職種として、製造業が名実ともに意味を持っていた時代といえる。しかし、

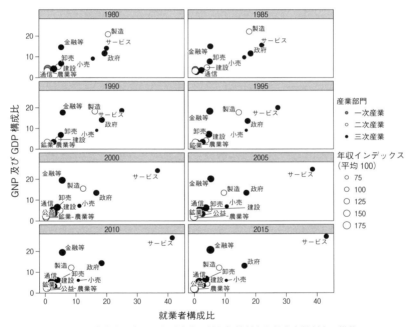

図1-6　全産業に占める個別産業の付加価値割合と就業者数割合の推移

出所）Bureau of Economic Analysis, *National Income and Product Accounts*, Section 6 INCOME AND EMPLOYMENT BY INDUSTRY, Table 6.4A-D. Full-Time and Part-Time Employees by Industry (A), Table 6.6A-D. Wages and Salaries Per Full-Time Equivalent Employee by Industry (A), and *Industry Economic Account Data: GDP by Industry*, Value Added by Industry (A), より筆者作成。

製造業の GDP と雇用に占める位置はその後、急速に交代することになる。

それに対して、GDP シェアでは金融業が、雇用のシェアではサービス業が台頭するようになる。ただし、平均より高い給与水準を持つ金融業は雇用シェアを伸ばさず、平均を下回る給与水準であるサービス業が雇用の中核となっていく。

例えば、製造業の給与水準は 2015 年には平均の 1.12 倍である。1980 年の水準では 1.14 倍であり平均してその水準は高い。サービス業は 1980 年の段階で平均の 0.85 倍、2015 年には 0.88 倍とこれもまた似たような水準のまま変化していない。変化したのは、GDP と雇用数そのもののシェアである。平均して低い給与水準の雇用が増え、ディーセントな（手頃な）職業が減少し

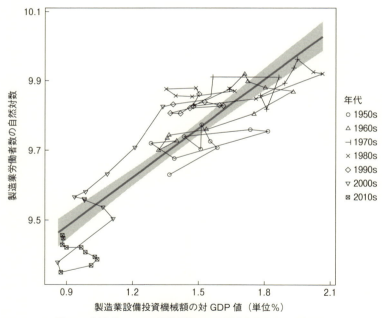

図 1-7　製造業における設備投資による製造業労働者数の弾力性

出所）Bureau of Economic Analysis, *National Income and Product Accounts*, Section 6 INCOME AND EMPLOYMENT BY INDUSTRY, Table 6.4A-D. Full-Time and Part-Time Employees by Industry（A）, and *Fixed Assets Accounts Tables*, Section 4 NONRESIDENTIAL FIXED ASSETS, Table 4.1. Current-Cost Net Stock of Private Nonresidential Fixed Assets by Industry Group and Legal Form of Organization, より筆者作成。

ていくことがアメリカの産業構造の変化のなかで生じていったのである。

　これは、設備投資を増加させれば、製造業雇用を中心としたアメリカ経済の回復と雇用の安定化を図れるはずだという公共サイドのアイディアを打ち砕く結果であったともいえる。デサイとハインズも述べるように、租税政策上の伝統的なルートである加速度償却制度などを通じて投資を促進することが、00年代の製造業雇用の大量消失によって政策立案者の取りうる選択肢を狭めることになっていく（Desai & Hines 2004 p.938）。

　実際、過去には設備投資と雇用の関係は正の相関関係を有していた。図1-7は、アメリカの製造業における新規設備投資の対GDP比と製造業雇用者数の対数変換による関係を見たものである。

　両側対数変換で雇用に対する設備投資の弾性値として評価できる最小二乗法の結果を見ると、係数（弾性値）は全期間で0.65となっている。モデルのp値は小さく、有意水準をクリアしていることから一定の蓋然性をもって数値を評価可能といえるが、有り体にいえばアメリカにおける製造業雇用の数は設備投資の相対的大きさについて正の相関関係を有しているということである。しかし、1950年から2019年までの全期間においてはたしかに両者に比較的強い正の相関関係が見て取れるが、10年ごとの時系列で分解していくと、その関係は徐々に弱まっていくことが読み取れる。

表1-1　年代別での製造業設備投資と製造業雇用の弾力性

期間	弾性値	標準誤差	t値	p値	有意水準	調整済み決定係数
全期間	0.65	0.04	17.64	0.000	***	0.82
1950年代	0.23	0.12	1.95	0.087	.	0.24
1960年代	0.51	0.10	5.17	0.001	***	0.74
1970年代	0.25	0.13	1.88	0.097	.	0.22
1980年代	0.14	0.05	2.78	0.024	*	0.43
1990年代	0.14	0.09	1.44	0.189	−	0.11
2000年代	0.79	0.17	4.67	0.002	**	0.70
2010年代	−0.20	0.15	−1.35	0.215	−	0.08

出所）Bureau of Economic Analysis, *National Income and Product Accounts*, Section 6 INCOME AND EMPLOYMENT BY INDUSTRY, Table 6.4A-D. Full-Time and Part-Time Employees by Industry (A), and *Fixed Assets Accounts Tables*, Section 4 NONRESIDENTIAL FIXED ASSETS, Table 4.1. Current-Cost Net Stock of Private Nonresidential Fixed Assets by Industry Group and Legal Form of Organization, より筆者作成。

注）有意水準は、次の通り。***（0.1％）, **（1％）, *（5％）, .（10％）, −（非有意）。

10年ごとの両者の最小二乗法の結果を見ると、2000年代が最も弾性値が高く、ついで1960年代の数値が高い。しかし、時系列での数値の動きは、2000年代がむしろ大幅に設備投資が縮小し雇用が減少したことを表している一方、1960年代は基本的に時間に従って増加傾向にあったことが指摘できる。

　また、2010年代は有意ではないがそれまでの関係と逆転して、設備投資と雇用数の増減が負の相関となっている。このデータから次のような論点が読み取れる。1960年代を黄金期とする製造業における設備投資の上昇と雇用者数の増加は、その後の期間において正の相関関係は維持されるものの、弾性値は極めて低いまま推移する。

　アメリカ経済における製造業の退潮のなかで、政策的には景気浮揚政策としての設備投資促進税制が採用されていく。しかし、加速度償却制度による設備投資の効果が最も高いとされる製造業においても、雇用と設備投資の伸びの関係は鈍化しているか、部分的には関係性が消失している時期も存在する。このため、かつて期待された雇用創出効果を設備投資の促進策としての租税政策で実現することは、現代では現実的に難しくなっている。また、実際のデータを見てもこの関係がうまくいっているとは言い難い。

　そもそも、アメリカにおける新たな投資は、設備や建物のように加速度償却制度によって投資にインセンティブが付与される実物資本ではなく、ソフトウェアの設計やノウハウといった無形資本に移行しているとされる（諸富2020）。実際、2017年減税・雇用法ではパテントボックスタックス（知的財産に意図的な減税措置を行う政策）を部分的に採用していることからも、無形資産に対する税制措置が検討されている。

　企業による無形資産への投資と、それに付随する法人税への影響はどのような論点が挙げられるのかを続いて整理しておく。

8　無形資本の動向と税制との関連

　機械や設備投資による減価償却が、複数年度で償却される一方で、2017年税制改革以前では、多くの無形資産は損金として購入年次に即時償却される

CHAPTER 1　アメリカ産業構造の変化と法人税に対する政策税制

か、コストとしてやはり支出年度時に償却されるケースが多かった。そのため、無形資産に対する実効税率は、他の資産と比較しても低く抑えられてきた（Brazell & Mackie 2000）。

この状態は、近年の問題ではなく従来からアメリカの法人税における費用算出の課題のひとつであったが、それがより重要になったのは1990年代以降であると考えられる。図1-8を参考にアメリカにおける新規設備投資の割合がどのように変化したのかを確認しておく。

図1-8は、アメリカ合衆国経済分析局の国家資本及び商用耐久財投資のなかの民間非居住用固定資本に対する、装置（Equipment）、建築物（Structure）、無形資産（Intellectual Property Product）の3種類についてそれぞれの割合推移を見たものである。1980年までは、無形資産の割合は15％以下にとどまっており、装置と建築物の割合もおおむね一定の幅に収まっていた。この割合が変化し始めるのが、1980年代以降である。無形資産の割合が上昇を開始し、1992年には建築物のシェアと逆転がおきる。

1995年からは、一時的に停滞もあるが、その後もほぼ一貫して無形資産の

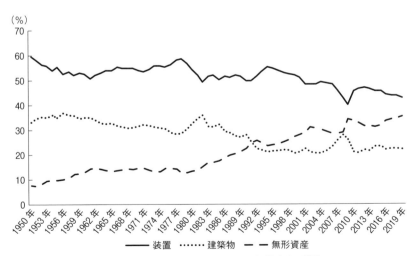

図1-8　民間非居住用設備投資の項目毎構成比の推移

出所）Bureau of Economic Analysis, *Fixed Assets Accounts Tables*, Section 1 FIXEDASSETS AND CONSUMER DURABLE GOODS, Table 1.5 Investment in Fixed Assets and Consumer Durable Goods（A）より筆者作成。

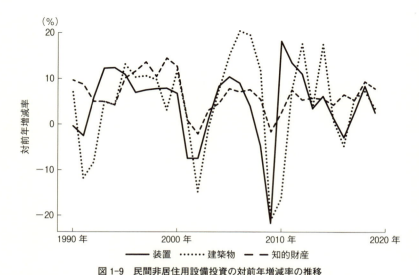

図1-9 民間非居住用設備投資の対前年増減率の推移

出所）Bureau of Economic Analysis, *Fixed Assets Accounts Tables*, Section 1 FIXEDASSETS AND CONSUMER DURABLE GOODS, Table 1.5 Investment in Fixed Assets and Consumer Durable Goods（A）より筆者作成。

新規設備投資のシェアは上昇を続け、2019年時点では35％を超えており建築物の22％を大きく引き離している。また、設備は1950年には60％を占めていたが、2019年には44％まで低下している。傾向的にいえば、アメリカにおける民間非居住用設備投資において無形資産がトップになる可能性は高まりつつあるといえる。

それを示すのが3つの対前年伸び率の傾向である。図1-9は、1990年から2019年までの3項目の対前年伸び率の推移を示したものである。装置と建築物は対前年増減の幅が大きく、90年代初頭の湾岸戦争影響による不況期、2000年代初頭のITバブル崩壊後の景気後退期、2008年のリーマンショックの影響期ではそれぞれ両者は大きく減少している。

また、リーマンショック以前の時期には非居住用であるが、不動産バブルの影響により建築物の上昇率が極めて高くなっている。このように、機械設備投資や建築物は景気変動によって高いボラティリティを示す傾向にある。実際、それぞれの対前年増加率の標準偏差を見ると、建築物（11％）、装置

（8％）、無形資産（4％）の順番に変動が小さい。

　再び図1-9に目を転じて無形資産の破線の変化について確認すると大きな増加もないが、大きな減少もないことが読み取れる。傾向として、一定程度の増加率をつねに示しており、他の投資内容が大きい変動を示しているなか、安定的に「増加」を続けている。また、リーマンショックにより建築設備両者が大きく落ち込んだ2008年においても、無形資産の落ち込みは対前年比1％程度の水準に収まっていることは興味深い現象といえる。

　ただし、純資産ベースで見ると無形資産の割合は若干の増加にとどまっており、以前、アメリカにおけるストックは機械や建物が中心に見える。これは、無形資産の多くが即時償却か短時間償却されるストックベースでは反映されにくいためである。ただし、フローとしての数値は先ほど見たとおり、無形資産への投資がアメリカ設備投資における最も早い成長とシェアを占めるようになってきている（CBO 2018 pp.5-8）。

　実際、アルファベット社が2019年年末時点で保有する総資産2759億ドルのうち、無形資産はわずか20億ドルにとどまり、これにのれん代（206億ドル）を加えても全体の1割程度にとどまる。むしろ、最も大きいのは市場性証券（marketable securities）の1012億ドルで全体の40％を占めている。また、実は機械設備も736億ドル存在し、ネットの資産では無形資産を上回っている。ただし、これは先ほどから述べているように無形資産は即時償却される結果、ネットの資産ベースでは残らないことが現れているためであり無形資産の重要性が高まっていること自体に変わりはない。

　このように、加速度償却制度や後述する実物資本の即時償却制度の拡充などによりインセンティブを付与されている機械等の設備投資は1980年代以降、徐々にアメリカの新規設備投資におけるプレゼンスを低下させてきている。それは同時に、実物設備投資をてこに雇用を増加させようとしてきた1950年代以来のケインジアンポリシーに基づく租税政策と、設備投資による新規投資が企業のイノベーションを促進し経済成長を実現するという1980年代以来のサプライサイド経済学の両方にとって、加速度償却制度による減税措置に期待する効果が薄れていることを表している。また、企業の節税手法の方向性は、先に見たように内国サイドだけでなく国際化の様相を

強めている。

　こうしたなかで、アメリカにおける企業課税の包括的対応のアジェンダはかつての国内投資における中立性の確保や経済効率性の担保という面から、ある意味で流出する国富の流出を防止するという観点に移りつつあるとさえいえる。この点が、先行研究においてどのように評価されたのかを、続くまとめにおいて整理していこう。

9　内国的な中立性への粘着と他国への回避を含めた公平性の問題の複合化――各章概説

　以上のように、1986年税制改革以降のアメリカの法人税にまつわる租税政策のアジェンダが、租税支出における項目の変化を皮切りに、内国的な中立性にまつわる加速度償却制度の問題点から、海外子会社を利用した租税回避という、国際的な課税対応の公平性の問題点に実態的な課題が移行しつつあることを示した。デサイらは、租税原則が経済構造の変化に従属的に影響を受ける可能性を指摘している（Desai & Hines 2004）。

　仮に過去の経済状況でうまくいった解決策も、その時々の資本のあり方は過去の租税原則の修正を迫るケースがあると理解される。アメリカ及び先進国では、過去、1986年税制改革、ないしそれ以前に示されたアメリカ財務省ブループリントに提示された公平・中立・簡素という租税原則を一つの導きの糸としてきた。しかし、アトキンソンは、こうした租税原則から導かれる法人税改革の結論であるBBLRを、租税政策のワシントン・コンセンサスのひとつであると指摘し、成長やその他の政策目標にあわせて法人税改革を構想すべきであると指摘する（Atkinson 2011）。

　少なくとも、トダーとヴィアードが主張するように、かつての税制改革である加速度償却制度の改革による中立性の確保によって包括的税制改革を議論するよりも、2010年代以降の法人税改革の議論は国際的な租税回避策にいかなる原則を構築するかについてという点に差し替わっていったものといえる（Toder & Viard 2016）。しかし、法人税の改革アジェンダが海外子会社を用いた方法に変わりつつあるなかでも、内国的な租税政策といえる加速度

償却制度やボーナス償却制度、即時償却制度は 2000 年代以降もむしろ国内設備投資を増やすために積極的に利用されるようになっていった。

つまり、2000 年代に入って進んだのは、雇用や設備投資増加への影響が弱まるなかで、なおその効果を期待して拡張される内国的な租税支出と、投資余力のある巨大資本は国際的租税回避策を利用する状況であったといえる。

このような環境下で、なぜ政策的税制として償却制度は利用されていったのか。この点については、以下のような展開であった。

そもそも、加速度償却制度は 1986 年税制改革において「生き残った」租税支出のなかで最大の減税効果を残したものであった。その意味で、償却制度を通じた各企業の設備投資に対する政策担当者の一定の期待が反映されたものであったといえる。また、企業向け租税支出が停滞された時期とされる 1990 年代は、連邦財政において財政均衡主義が強まるなかで直接支出に頼らない形の租税支出は、むしろ積極的に経済政策目的として利用されていく。

ところが、政府による産業部門への政策税制の利用が活発化するなかで、むしろ量的には法人向け租税支出の規模は伸び悩んでいく。この背景には、法人税からパートナーシップなど所得税への課税ベースの移動もその原因の背景として挙げられる。しかし、加速度償却制度は、アメリカの設備投資が増加するなかで、ほとんど上昇を示さなかった。

この点の理由として、当時のアメリカにおける設備投資の中心が、そもそも加速度償却制度の恩恵が小さい、経済償却期間の短いオフィス用コンピュータ等に移っていったことが指摘できる。本書第 2 章では、クリントン政権時における 1993 年財政調整法における法人税増税と政策減税の実施、1990 年代を通じた加速度償却制度の量的分析を通じて、上記の論点を明らかにする。

第 3 章では、1990 年代に政策効果として「陳腐化」した加速度償却制度及び、設備投資に対する償却制度の即時化といった政策が、2000 年代にはむしろ積極的に利用されていく実態とその背景を明らかにする。その経済効果をめぐって、論者間でも評価が二分されていく結果となるが、マクロ的な統計ではアメリカの設備投資は 2000 年代以降も停滞することについても分析を加える。そして、こうした政策が選択される背景として、アメリカ議会内に

おける党内対立の激化と調整弁となる政策の不在のなかで、加速度償却制度がある意味で「結果的に生じる政策の結節点」として機能した点を指摘することとする。

第4章では、1990年代以降に変更されたアメリカ法人税のアジェンダのひとつであった、二重調整課税の問題を取り上げる。アメリカは長らく、個人への配当所得に対して法人段階の課税の調整を行わない、「実質的に法人実在説」を採用する国であったが、ブッシュ政権下の2003年に配当を分離課税として低税率を適用することで、この調整を行うことが実施された。その結果、外形上は二重課税調整に相当する改革が実施されたが、その政策の効果や所得再分配に対する影響をめぐっては評価も分かれている。ここでは、二重課税調整として実施された同政策の現実的な効果、また、株式による資金調達への影響について検討を行う。

第5章では、以上のような国内における課税制度のアジェンダを含め、2000年代以降に連邦法人税がどのような論点をめぐって包括的改革を目指したのかを整理する。とくに、オバマ政権下では包括的な税制改革が政治的対立の下で成功しなかったが、議論そのものは存在していた。連邦税制全体の包括的改正に向けて、どのような政策アジェンダが議論されたのかを、具体的に取り上げられた主要な税制改革パッケージの比較検討から解き明かすこととする。

第6章では、2000年代以降に顕在化した法人税改革のアジェンダである国際化と、法人税率の国際競争力を背景とした引き下げ合戦の結果として結実する2017年減税・雇用法（TCJA2017）の成立過程の議論を読み解く。このなかで、連邦法人税は全世界課税から域内課税方式への歴史的転換を行い、法定税率を大幅に引き下げた。同時に、アメリカ国外に漏出する税収を還流させるために、各種の「飴と鞭」政策を成立させる。しかし、こうした政策論自体は、トランプ政権下で唐突に始まったのではなく、第5章の議論に接合されるように、オバマ政権下で行われてきた法人税改革の政策案や論点を引き継いだものであったことを明らかにしていく。

終章では、法人税に対する租税特別措置の影響を、国内経済と国際環境の2つの側面から捉える必要性を、バイデン政権において実施されたインフレ

削減法（Inflation Reduction Act of 2022）における再生可能エネルギー発電施設に対する優遇措置の狙いと実態を用いて検討する。租税特別措置を用いて実体経済や実物投資へ影響を与えるという古い政策の側面が、世界経済とアメリカの内国経済の環境変化のなかで変化していること、その意味で1990年代から2000年代にかけてのグローバル化のプロセスにおける陳腐化を相対化し、政策税制分析の視点に世界経済との連続的な面を取り込むことの必要性を検討している。

CHAPTER 2
1990年代の法人税に対する租税支出はなぜ企業負担を減じなかったのか？
産業構造と企業規模別からの分析

1　1990年代における産業向け租税支出の位置づけ

　第1章でも述べたように、1990年代以降のアメリカでは、直接支出の代わりに、勤労所得税額控除（Earned Income Tax Credit）などを含む種々の租税支出が活発に利用され、またその額も増大していった（Burman 2003 pp.624-625）。

　特に、1990年代には直接支出を代替する手段として、租税支出が活発に利用された。その要因として、1990年代に行われた予算制度の変化[1]や小さな政府への志向[2]が指摘されている。こうした動きを捉えて、アメリカの税制は「公平・中立・簡素」といった租税原則に基づいて行われた1986年の税制改革（Tax Reform Act of 1986、以下、TRA86）の姿から、1990年代を通じて複雑な形へ逆行したと評価されている。

　グラベルの研究によれば、アメリカの法人税はTRA86以後、産業別・資本別で実効税率の差が縮小したとされる（Gravelle 1994）。このような負担構造の変化は、アメリカの法人税が80年代中頃以降に掲げた公平・中立・簡素といった税制改革の理念が、一定の成功を収めたことを示しているといえる。トダーやバーマンは租税支出の傾向について、1980年から2000年を5年ごとにとり、これを社会保障向けと産業振興向けとに分類しその動向を分析した（Toder 1999；Burman 2003）。その研究によると、1980年から1985年で急激に増加した両租税支出は、TRA86を機に1990年には一旦収縮する。しかし、それ以後1995年、2000年と社会保障向けの租税支出は増加し、再び1985年と同水準にまで膨張する。1990年代に急速に膨らむ社会保障向け

31

租税支出の動向を「隠れた福祉国家」と評価する向きも存在する（Howard 1997）[3]。これとは対称的に、キャピタル・ゲインの部分的非課税措置、加速度償却制度、エネルギー産業などへの産業振興的な租税支出は1990年代に一貫して減少していく（Toder 1999 pp.413-415）。

　この傾向は、先のグラベルの評価と整合的である。しかし、1995年時点の産業振興を目的とした租税支出は、連邦政府の産業政策のなかでは最も大きな位置を占めていた[4]。また、後述するがTRA86以前に設けられた大型の租税支出の一部は改革後も残存していた。さらには、ブッシュ（父）、クリントン両政権期とも投資税額控除の復活を企図したことに示されるように[5]、1990年代を通じて税制による産業政策が放棄されているわけではない。本章は、制度的には増加の要因があったにもかかわらず、産業振興的な租税支出がなぜ再び増加しなかったのかを、当時のアメリカの経済的文脈と税制の両面から分析していく。

　また、分析の対象領域である1980年代～1990年代は、アメリカの産業構造が情報通信業やサービス業を中心に転換したとする評価が広く行われている（福田・野村・岩野・堀 1993 pp.118-120；河村 2003 p.336；村山・地主 2004 pp.132-136）。本章ではこうした経済的変動を意識しつつ、1980年代～1990年代の産業振興目的の租税支出の動向をアメリカ行政管理予算局（U.S. Office of Management and Budget、以下、OMB）などの資料を用いながら定量的、定性的に明らかにしていく。

　以下、簡単に本章の概要を説明する。まず、TRA86を画期とする1980年代のアメリカ税制改革と、1990年代以降の税制の変更から論点を析出する。この論点を中心に、1980～1990年代の産業振興目的の租税支出を、各産業への帰着別などで観察し先に見た制度変化とあわせて、1990年代の法人税とその租税支出の実態を明らかにしていく。分析を通して、結論では産業振興的租税支出が1990年代を通じて増加しなかった理由とその意味について検討する。

2 1980年代から90年代にかけての制度変化
　　──租税支出の動向を中心に

　1980年代に行われた主な税制改革として、1981年経済再建租税法（Economic Recovery Tax Act of 1981）とTRA86が挙げられるだろう。レーガン政権下で行われた税制改革は、いわゆる「新自由主義」的な性格を備えたものといわれている。これら、1980年代の2つの税制改革を、アメリカの財政構造の転換として捉えようとする試みは多い[6]。このような議論を念頭に、本節では、まず1980年代のアメリカにおける2つの税制改革について、産業振興を目的とした租税支出を中心に整理していく。次に、1990年代の産業振興目的の租税支出や法人税の制度改革を概観し、それを1980年代以降の租税論や財政の歴史的な流れに定置し評価を加えていく。

2.1 1980年代の税制改革

　1980年に大統領に就任したロナルド・レーガンは、石油危機以降激化した国内のインフレと、それを原因とする貯蓄率・投資率の低下、実質経済成長率の低迷、国際収支の悪化といった経済問題に直面していた。

　スタグフレーション下において、税制面ではブラケット・クリープや法人資本におけるインフレ会計といった問題が引き起こされた。これらに対応するため、1981年2月に経済再建計画（A Program of Economic Recovery）が発表され、その財政面での改革として経済再建租税法が実施されることとなった。この1981年経済再建税法では、ブラケット・クリープ問題に対応するため個人所得税の限界税率の引き下げや、貯蓄投資の促進を狙ってのキャピタル・ゲイン課税の軽減、各種の控除または投資減税が行われた。

　このなかでも、キャピタル・ゲイン課税の軽減[7]や、投資税額控除（Investment Tax Credit）の拡大[8]、R&D（Research & Development）費の税額控除[9]などは、投資、貯蓄の促進や企業に対する産業政策と密接に関係する減税政策として数えられる。また、後述の分析で焦点をあてる加速度償却制度（Accelerated Cost Recovery System, ACRS）が導入されたのも同

表 2-1　1985 年時点の法人向け租税支出の試算額

項目	租税支出試算額（100 万ドル）
加速度償却制度（リース除く）	18860
投資税額控除（一部投資財除く）	16075
一般歳入地方債の利子免税措置	8695
10 万ドルまでの企業所得に対する軽減税率	7025
産業開発地方債の利子免税措置	3265

出所）Joint Committee on Taxation,1983, Estimated Tax Expenditures for Fiscal Years 1983-1988, Table.1 より抜粋して再構成。

注）ただし、「加速度償却制度」は"Accelerated depreciation on equipment other than leased property"、「投資税額控除（一部投資財除く）」は"Investment credit, other than ESOPs (employee stock ownership plan), rehabilitation of structures, reforestation and leasing"、「一般歳入地方債の利子免税措置」は、"Exclusion of interest on general purpose State and local government debt"、「10 万ドルまでの企業所得に対する軽減税率」は、"Reduced rates on the first $100,000 of corporate income"、「産業開発地方債の利子免税措置」は"Exclusion of interest on State and local government industrial development bonds"を訳したものである。

改革においてである。加速度償却制度とは主要機械・設備の減価償却期間を3、5、10、15（または 18）年の 4 段階に大幅に短縮するもので、租税論的には減価償却ベースによるインフレ調整と考えることができる（宮島 1986 p.243）。

こうして新規に導入された制度のなかでも、投資税額控除と加速度償却制度の規模は大きく、両院租税委員会（Joint Committee on Taxation）の報告書である Estimated Tax Expenditures によれば、法人に対する租税支出の額のトップ 5 のうち、加速度償却制度は 1 位で 188 億 6000 万ドル、投資税額控除は 2 位の 160 億 7500 万ドルとなっている（表 2-1 参照）[10]。この規模は、同年の法人全体の租税支出推計額である 774 億 7500 万ドルのおよそ 45%を占めており、法人向け租税支出の大半が両制度によって賄われていた事実を示している。

減税政策の結果 1981 年に対 GDP 比で 19.4%あった連邦歳入は、改革次年度 18.5%と 0.9%ポイント低下している（図 2-1 参照）。同期間、法人税では対 GDP 比 0.6%ポイント減、個人所得税では同じく対 GDP 比 0.3%ポイント減となり、2 つの基幹税目の減収、とりわけ法人税の減収によって、連邦歳入が縮小したことがわかる。

以降、増減はあるものの、再び税制改革が行われる 1986 年まで、個人所

CHAPTER 2　1990年代の法人税に対する租税支出はなぜ企業負担を減じなかったのか

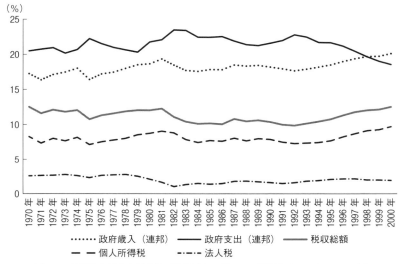

図 2-1　連邦政府歳入と歳出及び主要税収の対GDP値推移（1970年～2000年）
出所）Bureau of Economic Analysis, *National Income and Product Accounts*, "Table1.1.5. Gross Domestic Product" and "Table.3.2. Federal Government Current Receipts and Expenditures". より筆者作成。

得税は改革前5年平均から0.5％ポイント、法人税は1％ポイント低くなっており、81年税制改革の影響がその後も継続して作用したことが見て取れる。

　レーガンの税制改革は、個人及び法人の租税負担を軽減することで、投資と経済成長を促し結果的に税収を担保するとされていた。しかし、結論からいえば、その後に生じたのは税収ロスにより生じた歳入減と、軍事費などを中心に再拡大を始めた歳出増によって生じる巨額の財政赤字であった。1980年の段階では、連邦政府の歳出入ギャップは1043億ドルであったが、1981年にはこれが1854億ドル、さらに翌年には2333億ドルにまで膨張する。

　歳入減と連邦財政赤字の増大という問題をかかえ、レーガン政権下での財政改革は租税政策を中心に修正を迫られることとなった。この修正が、まとまった形となって実現するのがTRA86である（西野 1998 p.67；渋谷 1992 pp.66 & 117）。TRA86の下敷きとなったのは、84年に財務省によって提出された税制改革報告書であり、改革はおおむねこの内容に沿ったものであった。

財務省の提案は、議会審議を経るなかで変更を余儀なくされていくが、税率の引き下げとフラット化、課税ベースの拡大という改革の基本姿勢はおおむね維持される結果となった。個人所得税の限界税率の引き下げとブラケット数の削減、同じく法人税の限界税率の引き下げが行われ、キャピタル・ゲイン課税に対する優遇税率の廃止や投資税額控除の廃止に代表される課税ベースの拡大を意図した租税優遇制度の整理も進められた。

とくに、投資税額控除や加速度償却制度は投資インセンティブや、インフレ調整などの期待した効果をもたらしたとはいえず、廃止や改正が税制改革で議論されることとなった。加速度償却制度は、当初、経済的耐用年数とインデックス修正された償却基礎価額に基づく減価償却計算（Capital Cost Recovery System）が提案されていた。しかし、結果的には1986年税制改革で行われたのは、加速度償却制度（ACRS）の資産分類を4区分から8区分（3、5、7、10、15、20、27.5、31.5年）に改め、不動産については定額法償却のみを認めるという修正ACRSへの変更であった（古田 2016）。

この改革では動産の償却法を150％定率法から200％定率法へと拡大するなど全体的に経済対策としての性格を温存させる結果となった[11]。なお、このような妥協的な結果について、渋谷博史は、負担増が懸念される法人税改革に関する産業界からの政治的コストを引き下げるためのものであったと指摘している（渋谷 1992 pp.104, 141-142）。

TRA86による法人向け租税支出の縮小について、量的にその効果を確認しておこう。表2-2は、改革後の影響が及んでいる1991年の租税支出推計において、法人税の減税効果上位5つの項目と額を表したものである。加速度償却制度は1991年時点でも最大の法人向け租税支出ではあるが、その額は1985年時点の7割程度まで縮小している。GDPは成長しているなかで、この絶対規模の縮小は相対的にはより大きなものといえる。また、それ以外の法人向け租税支出も多くは廃止や縮小により、その額を大幅に減らしていることが確認できる。1980年代初頭に景気刺激策として拡張された法人向けの租税支出は、86年改革を経て実態としても大きく減らされたことがここからも明らかになったといえるだろう。

以上、見てきたように1980年代の税制改革は70年代以降のインフレによ

表 2-2　1991 年時点の法人向け租税支出の試算額

項目	租税支出試算額（100万ドル）
装置に対する加速度償却制度	12400
7万5千ドルまでの企業所得に対する軽減税率	5500
金融機関の合併に関する特別措置	2500
特定投資からの非課税所得	2400
保険会社の未払い損失引当金による控除	1900

出所）Joint Committee on Taxation, 1983, Estimated Tax Expenditures for Fiscal Years 1983-1988, Table.1 より抜粋して再構成。

注）ただし、「装置に対する加速度償却制度」は "Depreciation on equipment in excess of alternative depreciation system"、「7万5000ドルまでの企業所得に対する軽減税率」は "Reduced rates on first $75,000 of corporate taxable income"、「金融機関の合併に関する特別措置」は "Merger rules for banks and thrift institutions"、「特別投資からの非課税措置」は "Exclusion and tax credit for corporations with possessions secure income"、「保険会社の未払い損失引当金による控除」は "Deduction of unpaid loss reserves for property and casualty insurance companies" を訳したものである。

る経済問題への、財政面からの対応策としての性格を持ちながら、レーガン政権下でのサプライサイド経済学に基づいた一連の減税政策とその修正という性格も持っている[12]。こうした評価に従えば、80 年代の改革はそれまでの税制に累積してきた問題点を修正し、包括的所得税の原理的な姿に近づけようとする「再構築」であったと考えられる。それに続く 90 年代の税制改革では、80 年代の再構築の流れをいかなる形で摂取し、あるいは変更を加えていったのだろうか。続いて、その点を 1990 年代初頭の財政制度改革における税法の修正議論を見ることで確認していくこととしよう。

2.2　1990 年代の税制改革

　ある程度論点を先取りするとすれば、1970 年代以降アメリカ経済において懸案であったインフレは 1980 年代を通じて収束に向かい、1990 年代の経済政策上のアジェンダからは外れていった。代わりに財政赤字問題への対応こそが急務となった。1986 年改革を経ながらも回復をみない連邦歳出入の乖離は、赤字国債の急激な累積という形で表出してくる。こうした問題に対応するため、1990 年代のアメリカでは歳出への厳格な制限と、歳入増を狙った増税政策がとられることとなった（河音 2006）。

　レーガンから共和党政権を引き継いだブッシュ（父）は、1990 年に選挙時の

公約を破り個人所得税の増税に踏み切った。OBRA90（Omnibus Budget Reconciliation Act of 1990）は、個人所得税の最高限界税率を、既存28％から31％に、Alternative Minimum Tax[13]（以下、AMT）の税率を21％から24％にそれぞれ引き上げ、富裕層に対する租税負担の強化を図った。

一方で、OBRA90では法人税の課税ベースに対して、研究開発投資費用（Research & Development）や希少薬（Orphan Drug）開発費に対する投資税額控除、雇用促進用の費用に対する一定割合での税額控除適用条項の期間を延長し、銀行融資の受けられない起業者が発行する債券への税額控除などを新設した。とくに、エネルギー産業へは、税額控除の新設やAMTの税率引き下げなど保護的な租税条項が設定された。

富裕層に対する個人所得税の重課、法人税における租税支出の温存と、中小法人への優遇措置拡大という流れは、政権交代後に実施されるOBRA93（Omnibus Budget Reconciliation Act of 1993）にも引き継がれていく。1992年に大統領選に勝利した民主党のクリントンは、1993年2月にOBRA93を策定した。

改革案は、若干の修正を受けつつ同年8月に両院を通過し成立した。同改革の歳入における変更は、「教育、職業訓練と投資に関する条項」、「歳入増加に関する条項」、「低開発地域の投資と雇用促進に関する条項」、「その他条項」で構成されている。

法人税改革では、限界税率が34％から35％に引き上げられ、訓練・投資に関係して、産業振興的性格を持つ以下6つの条項の改正または新設が行われた。

1. 調査研究費に対する税額控除の適用期間延長
2. 個人投資家の保有する中小企業株式からのキャピタル・ゲインに関する所得控除の新設
3. 小規模法人に対しAMTの算定方式の調整
4. 有価証券の売却益のSSBIC（Specialized Small Business Investment Companies）[14]への移し変えによる特別措置の新設[15]
5. 小規模法人の消費財控除額の上限拡大[16]

6．希少疾病薬品の開発費用に関する税額控除の適用期間延長

　OBRA93 による増税の結果、連邦歳入は個人所得税を中心に急速な伸びを見せ始める（河音 2006）。連邦歳入は 1992 年の対 GDP 比 17.7％から、1997 年までに 1.8％ポイント増加し 19.5％へと跳ね上がった。こうした伸びは、個人所得税と法人税、とりわけ前者の増加によるもので、個人所得税は1992 年 7.5％から 97 年に 8.9％へ、法人税も 1992 年 1.6％から 97 年 2.2％まで上昇する。

　順調な増収と、改善されていく財政の恩恵を国民に還元する目的でとられたのが、1997 年の TRF97（Taxpayer Relief Act of 1997）である。TRF97で最も注目すべきは個人に対するキャピタル・ゲイン課税の税率が引き下げられたことである。1986 年改革以降、キャピタル・ゲインは個人所得ベースに全額算入され課税されてきた。しかし、OBRA90 では個人所得税の引き上げに際し、キャピタル・ゲインの最高限界税率は 28％のまま据え置かれ 86年改革で廃止された優遇税率が部分的に復活していた。この税率が、TRF97ではさらに 20％にまで引き下げられることとなった[17]。

　一方、産業振興策としては、年間での粗売上げが 500 万ドル以下の小規模法人に対して AMT の適用が廃止され、自宅を事業所として使用している場合は、賃貸費用や修繕費を事業所得から所得控除することが可能になった。これら産業奨励的な租税支出は、対象がいずれも中小企業となっている点に特徴がある。1997 年以降、法人税は対 GDP 比で 0.2％低下するが、個人所得税は伸び続け 1998 年には連邦歳入は黒字に転換する（図 2-1 を参照）。

　1990 年代の租税支出の動向を以上の変化から整理しておこう。まず、個人所得税と法人税では限界税率が引き上げられ、キャピタル・ゲインに対する優遇税率が復活した。また、産業振興的租税支出は中小企業を対象としたものが中心となり始めていることが確認できるだろう（CBO 1994 pp.4, 20-22, 25, 58；CBO 2000 p.29）。反面、1990 年代を通じて法人税全体に影響を及ぼすような目立った変更は少なかった。OBRA93 では投資税額控除が提案されるも成立はせず、最高限界税率のわずかな引き上げなどもあったが、トダーの評価を借りれば、改革は限界的なものにとどまったといえる（Toder 1999）。

1980年代の税制改革では産業振興的性格を持つ租税支出は加速度償却制度や投資税額控除など、その影響範囲も広く、また大型の設備投資を行う重厚長大産業を対象としたものだった。一方で、1990年代の租税支出はTRA86以降、中小企業を優遇する姿へ移り変わっていった。次節では、こうした租税支出の傾向の変化を法人の負担割合などから観察し、産業構造の変化にからめて1990年代の産業振興的租税支出の実態的な姿を浮き彫りにしていく。

3　1990年代の産業振興的租税支出
　　——加速度償却制度（ACRS）と中小企業向け租税支出を中心に

　本節では、1990年代における租税支出のうち、1980年代から引き継がれ、産業振興的租税支出のなかでは最も大きい修正ACRSを量的に把握し、定性的部分から量的動向に説明を加える。また、1990年代以降、産業政策として登場する中小企業向け租税支出の政策効果を、10万ドル以下の事業所得を持つ企業の実効税率から見ていくこととする。2つの分析から、1990年代に産業振興的租税支出が再び増加を見せなかった点を明らかにしていこう。

3.1　産業構造転換のなかの加速度償却制度（ACRS）

　1981年の税制改革で導入された加速度償却制度（ACRS）は、1986年改革で減価償却率の緩和が図られ修正ACRS（Modified Acerated Cost Recovery System、以下、MACRS）へと改正された。しかし、製造業等で用いられる機械設備は1986年以降も、早期償却の性格を残すものとなっている。アメリカ財務省が2000年に出している償却制度に関する報告書には、資本別に追加での投資に対する限界実効税率が記載されている（表2-3）。これを見ると多くの産業機械がMACRSにより法定税率を下回る実効税率となっている。これは1986年税制改革以後にも、設備投資に対する税制上の優遇措置が残存していたことを表している。

CHAPTER 2 1990 年代の法人税に対する租税支出はなぜ企業負担を減じなかったのか

表 2-3 投資財別限界実効税率

減価償却対象資産項目	実効税率（%）
自動車	40.1
エンジン及びタービン	38.9
事務計算機用機械（コンピュータ等）	36.2
航空機	35.8
トラック、バス・トレーラー	34.8
鉱山油田機械	34
サービス産業機械	34
楽器	32.4
その他の装置	32.4
金属加工機械	29.3
一般産業機械	29.3
農業機械	29
電気機械	28.8
船舶・ボート	28.7
建設機械	28.3
家具・什器	27.8
トラクター	27.5
特殊産業機械	26.9
金属加工品	25.5
鉄道関連機械	21.9

注）不動産、建築構造物については除いている。法定税率がかけられた場合の、各資本に対する実効税率は 37.5％となる。

出所）United States of America Department of Treasury, 2000, *Report to The Congress on Depreciation Recovery Periods and Methods*, p.37, "Table.5 Cost of Capital and Marginal Effective Tax Rates under Current Law" panel A より抜粋。

　図 2-2 は、機械設備に対する ACRS（86 年以降は MACRS）の対 GDP 比の推移である。これを見ると、1985 年時点では改正前ということもあり、対 GDP 比は 0.43％と相対的に高い数値となっている。また、この時期は投資税額控除も行われており、産業振興的な租税支出が大きかった。これが 1991 年には 0.2％と 1986 年の税制改革を経た影響で規模が半減している。1995 年には再び 0.26％まで上昇するものの 2000 年の時点では 0.24％と 1994 年と比べて顕著に増加しているとは言い難い。

　償却制度に対する租税支出の規模は制度的特徴から、新規投資の大小に影響される。図 2-3 を見ながら 1990 年代の新規設備投資の規模を確認する。この図は 1980 年から 2001 年までの非居住用装置の投資額の対 GDP 比を時

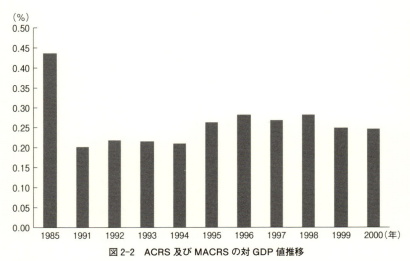

図2-2 ACRS及びMACRSの対GDP値推移

出所）Joint Committee on Taxation, various years , *Estimated Tax Expenditures for Fiscal Years* & Bureau of Economic Analysis, *National Income and Product Accounts*, "Table1.1.5. Gross Domestic Product" より筆者作成。

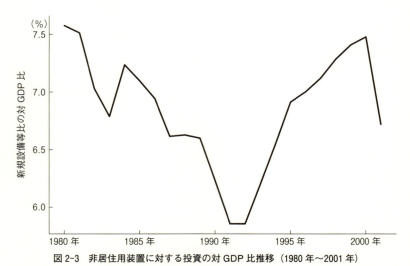

図2-3 非居住用装置に対する投資の対GDP比推移（1980年～2001年）

出所）Bureau of Economic Analysis, *National Income and Product Accounts*, "Table1.1.5. Gross Domestic Product" and "Table.5.3.5 Private Fixed Investment by Type", より筆者作成。

系列で示したものである。1980年には7.57％であった設備投資の水準は、1980年代終わりから急激に落ち込み、1992年には5.85％にまで低下している。

1985年と1991年のACRS及びMACRSの対GDP比を比較した時、制度的影響もあるが、このような急速な新規投資の縮小も、償却制度の規模に影響を与えたと考えられる。しかし、1993年以降は、非居住用装置の新規投資の規模は、1990年代中一貫して上昇し、1996年には対GDP比7％に再び回復する。同時期は、図2-2で確認されるMACRSの対GDP値が緩やかに増加した時期とも重なっているため、これら新規設備投資の増加は一定程度、租税支出の増加を引き起こしたものといえる。問題は、その規模があまりにも小さいということである。1997年以降は新規設備投資が引き続き上昇を続ける一方、MACRSの規模は一転、再び低下に転じている。以上の動きからいえるのは、景気動向や設備投資からではACRSの動きを十分に説明できないということである。

設備投資と償却制度の規模の不一致に関する論点を考察するため、続けて1982年、1992年、1997年時の新規投資の具体的な構成内容を図2-4から確認していく。

1982年と1992年、97年のそれぞれのクロスセクションデータで見た、部門別・種類別の設備投資を示すCapital Flow Dataを用いて、産業機械とコンピュータ・ソフトウェア等の新規設備投資の推移を表したのが図2-4である。

産業機械はMACRSへの変更後も、税制上の投資インセンティブが残された分野といえる。一方、コンピュータ及びソフトウェアは、後述するように相対的には税制上のインセンティブ効果が弱い投資項目となる。

図2-4が如実に表すように、1982年時点では両者の水準は拮抗していた。しかし、1992年及び1997年に進むに連れ、両者の乖離は大きくなっていく。また、産業機械は総額に対する割合を1982年以降、一貫して低下させている。

端的にいえば、制度的にインセンティブを与えられているはずの分野の投資が進まず、ディスインセンティブになっているハイテク機器への設備投資

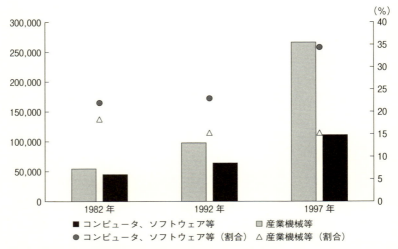

図2-4 資本フロー表に記載される機械及びソフトウェア等の額（単位：100万ドル）と設備投資（除く建築物）に対する各項目群の割合

出所）Bureau of Economic Analysis, *Capital Flow Data*, "NIPA 22 Equipment and Software Tables" より筆者作成。

注）1982年のコンピュータ、ソフトウェア等については、Office, computing, and accounting machinery と Communication equipment が含まれている。1992年に Computers and peripheral equipment、Office equipment、Communication equipment が含まれている。1992年には、Computers and peripheral equipment、Office and accounting equipment、Software、Communication equipment が含まれている。

産業機械等には Metalworking machinery、Special industry machinery, nec、General industrial, including materials handling, equipment、Mining and oilfield machinery が含まれている。

が一貫して進んだということがこの図から示される事実である。

1986年に行われた、ACRS改革の重要な争点のひとつは、それが制度的に投資に対する中立性を乱しているとの指摘であった。改革論議のなかで、ベーカー財務長官がACRSについて次のような問題を指摘している点からもそれが読み取れる。

> 現行の早期コスト回収制度（ACRS）が投資税額控除とともに利用されて二つの問題点が生じている。①機械設備投資を優遇する程度が差別的に大きくなってしまい、建造物や経済耐用年数の短い資産（ハイテク設備）への投資が不利になってしまった。②そういう差別性が、インフ

レ沈静の下で強くあらわれて実効税率がマイナスになってしまった。

(渋谷 1992 p.100)

　当初、こうした指摘もあって ACRS は自然償却期間にほぼそった CCRS へと改正される予定であった（同 p.100）。しかし、86年改正法の政策形成過程にあって、圧力団体からの強い反発もあり石油・ガス産業の優遇措置が復活し、結局ある程度の加速性を持つ MACRS が成立したのである（同 p.104）。しかし、こうした指摘から考えると90年代に投資が増えたコンピュータ関係の設備投資は、旧来の ACRS においてもその加速性は低く、またそれは MACRS にあっても同様であった。

　重要なのは制度的に重厚長大産業への投資インセンティブが残されていても、1990年代のアメリカの経済構造が必要とした設備投資の種類は80年代のそれとは変わってしまったということである。それは先の図2-4で確認したように、設備投資が順調に伸びている時期においても、投資内容が加速性の低いコンピュータ設備などに移り変わり、ACRS がほとんど増加しなかったという点に示されている。

　前節でも述べたとおり、1980年代に導入された産業振興的租税支出は投資促進と同時にインフレ軽減を目的としていた。しかし、1990年代にはインフレが収束する一方、累積する財政赤字の解消を行いつつ、経済成長や雇用拡大を達成するという新たな政策課題が突きつけられることになる。租税支出の構成のなかで、MACRS は依然、最も額の大きい項目のひとつであるが、その制度内容は1980年代のインフレ下における経済問題の解消という文脈に強く規定されている。このように、対応する経済問題の変化と制度的特徴の陳腐化から、設備投資の増大にもかかわらず MACRS の規模は、1990年代を通じてほぼ横ばいとなった。

3.2　1990年代の法人税に対する租税特別措置をめぐる政策サイドの反応

　それでは、なぜ MACRS は1990年代に入って投資構造に沿った形で修正されなかったのか。この点について、1990年代初頭の法人税改革をめぐる政治的な議論から考察を行う。1993年の OBRA93 において、大統領提案段階

では投資税額控除の復活が計画されていた。しかし、これは下院で否決されてしまう（Congressional Quarterly News Features 1994 pp.87 & 21）。

　クリントンの提案では、経済の回復とその新たな構造への転換が唱えられ、そうした改革によって雇用増を得ることが強く求められた時期であった（Ibid. p.7D-8D）。しかしながら、当時のアメリカ経済界の見通しでは景気は1992年に底を打ち、93年にはわずかながら回復の方向に動き始めたとの認識にあったため、税制の中立性を崩すことを好まず、1986年改革の方向性を堅持しようとする動きが強かった（Committee on Finance 1993 p.62）。こうした意見を、当時の上院財政委員会の識者の発言から読み取っていこう[18]。

　上院財政委員会は1993年4月29日に、民主党上院議員モインハンを議長に8人の上院議員参加のもと、「大統領提案における投資税額控除と税制による事業優遇措置」に関してヒアリングを行った。ここではとくに、租税学者であり法人税の専門家であるジェーン・グラベルと、アメリカ業界団体が設立している租税改革へのコミットメント機関 Tax Reform Action Coalition 役員のハリー・サリバンの主張を紹介しておく。なお、Tax Reform Action Coalition は、1986年にアメリカの業界団体や大企業が、彼らの税制改革に対する主張を代弁させるために組織された団体である。

　まずグラベルの主張を簡潔に要約しておこう。グラベルは大統領提案で提示された大企業向けの一時的な投資税額控除と中小法人におけるその恒久化法案、またそのほかの課税ベースを侵食する事業向け租税支出について、公平性の観点から強く反対した。グラベルは税制を通じての投資促進策について、改正賛成派が述べる投資促進策による設備投資の拡大と、それによる景気回復というシナリオの信憑性を問うた。また、仮に効果があるとして、それが課税ベースの浸食によって引き起こされる税務行政費の上昇に見合うだけの効果を得られるのかどうかを質した。そして最後に、既存投資を行っている会社と改革が実施されたあとに投資を行う会社との公平性を無視してもよいのかという点について疑問を呈した。こうした観点に加え、グラベル自身税制における投資に対する中立性こそ効率的な経済を生むものであり、またそれこそが1986年税制改革の背後にあったものだとしている。租税学者の視点からは投資促進的な租税政策はその有効性が疑われており、86年改

革の方向性に一定の信頼が置かれていたと評価できるだろう（Ibid. pp.62-64）。

また、こうした見解は税制の専門家による限定的な意見ではなく、産業界を含めた当時のアメリカ社会のなかでの一般的な意見であったことがサリバンの発言からわかる。まず、サリバンは税制について基本的に 1986 年税制改革理念である「公平・中立・簡素」を遵守していくべきだとした。そのうえで、大統領提案に含まれる税制を通じた投資促進策を、次のように批判している。まず、大統領提案で述べられる歳入増加策のひとつである法人税の最高限界税率の引き上げと、同時に行われる投資促進的税制は 1986 年改革以前の連邦税制への後退であるとした。それとともに、1986 年以前の税制は非中立的で経済効率性に著しいゆがみを生じさせていたし、こうした租税構造へ 1990 年代以降回帰していくことに対して強い反対を示したのである（Ibid. pp.64-66）。

以上に示したとおり、90 年代初頭のアメリカにおいて、租税学者のみならず、産業界の代表も税制の中立性が当時のアメリカ経済のなかで重要なものであると認識していたことは興味深い。むろん、これらの意見をもって旧来の大型の租税支出が 1990 年代以降新たな投資構造にあわせて変化しなかったことの理由と断言するわけにはいかないが、少なくとも租税の中立性を堅持するという方針が当時のアメリカの学識関係者だけでなく、経済界でも主張されていたことは強調されてよい[19]。また、実際に大統領提案で示された投資税額控除の復活が議会審議において否決されるなど、議会においても税制を通じての過度の投資促進策に懐疑的であった。

では、1990 年代に先に述べたような経済問題への対応として一連の雇用・景気対策から行われた中小企業をその主な対象とする租税支出は効果を持ちえたのだろうか。この部分を明らかにしながら、産業振興的租税支出が増加しなかった原因について考察していくこととする。

3.3　中小企業向け租税支出の増加とその影響

アメリカにおける中小企業の一般的な定義は難しいが、ここでは年間事業所得が 10 万ドル以下の法人企業（C 法人、以下とくに断りのない限りは、すべて C 法人の分析結果）をその対象として扱いながら分析を進めていく[20]。先述

のとおり、1990年代の税制改革で行われた法人税改革や産業振興的租税政策は、中小企業を対象としたものに移っていっている。対照的に、OBRA93では法人税の最高限界税率が引き上げられ、法人全体には課税が強化された（CBO 1994 p.16）。このとき、中小企業へ税制上の優遇措置を講じた理由は、投資を促進し景気を浮揚するため、また雇用数の拡大を意図したためであった（Ibid. pp.20 & 58）。

それでは、1990年代初頭にあって中小企業に対する優遇税制による雇用数の拡大が、どのような論理から語られたかについて、先ほどと同じように議会におけるヒアリング資料を見ながら追っていきたい。ここで着目するのは、1992年の2月に行われた下院歳入委員会で発言したニューヨークの投資銀行 D.H. BLAIR 社会長モートン・デイビスと、1993年4月に上院歳入委員会で発言した Small Business Legislative Council の評議員ペーター・マクニッシュの見解である。

まず、デイビスは1990年代に入ってからのアメリカ経済の競争力の低下と失業率の上昇を危惧し、中小企業を中心とした経済政策の必要性を主張した。それは、新規に起業する中小企業こそが新たな雇用や設備投資を生み出すものであり、この設備投資または雇用を促進するような経済政策こそ政府に求められているとの主張であった。また、その具体的な政策として税制を通じての投資促進策や、新規企業の所得に対する非課税措置の拡大などを挙げている（Committee on Ways and Means 1992 pp.1596-1597）。

次に、マクニッシュの主張であるが、彼が所属する Small Business Legislative Council は全米500万の中小企業が加盟する団体であり、中小企業主たちの政治的主張を代弁する機関であるといえる。クリントンは1993年の大統領提案で、当初から中小企業に焦点を絞った租税政策を打ち出しており、マクニッシュ及び Small Business Legislative Council はこの政策におおむね賛成の意を示していた。また、ほかにも独自の観点からアメリカ経済の達成目標を設定し[21]、こうした目標達成のためにも中小企業を対象とした租税支出の重要性を主張した。その具体的な内容は、大統領提案に沿ったものであるが、法案適用企業の幅を拡大するべきであると追加的主張を行っている（Committee on Finance 1993 pp.69-71）。

CHAPTER 2　1990年代の法人税に対する租税支出はなぜ企業負担を減じなかったのか

　このように、雇用政策とアメリカの経済の回復、発展の原動力という文脈から主張された中小企業向け租税支出について、OBRA93では少額投資の即時損金算入措置上限額の引き上げや、経済開発促進地域でのその更なる拡張、中小企業の株式に対するキャピタル・ゲインの50%非課税措置などが講じられることとなった。また、個人事業主を対象とする健康保険に対する所得控除措置の期間が延長されるなどした。これらの軽減措置による租税支出の予定額はCBOの試算によれば1994年から1998年までの5年間で71億ドルにのぼる。また、改革次年度での効果は26億ドルと見積もられていた。

　このとき、直接に中小企業の法人税負担に関係するものは少額投資の即時損金算入措置上限額の引き上げであるが、これは改革次年度で23億ドル、5ヵ年で46億ドルが計上されており、いずれにおいてもプログラム総額の半分以上を占めている。OBRA93の税制を通じての政策のなかで最大の額を示すのは、個人所得税に対する勤労所得税額控除の207億ドル（5年間）である。しかし、そのうち190億ドルは一般歳出によって賄われる部分となり、租税支出として税収からマイナスされる額は17億ドルとなる。このうち、94年の勤労所得税額控除への支出部分は2億ドル、税収からのマイナス分は500万ドル以下と予測されていた（CBO 1994 pp.1-4）。

　このように支出予定段階では租税支出の最大支出項目である勤労所得税額控除と比べてみても、中小企業向けの租税支出の額は決して小さなものではなかった[22]。では、こうした中小企業向けの租税支出は実際どの程度の効果を持ったのだろうか。

　図2-5は、各年度のCorporate Income Tax Returnsで事業所得別にとられた統計をもとに製作したものである。ここで示されているのは、課税対象となる所得に対して納税額がどの程度の割合を示したかを単純な商の形で表している実効税率の動きである。事業所得10万ドル以上の企業と5000万ドル以上の企業、そしてすべての企業の合計から見た平均値についてその動きを見てみた。アメリカの企業体の構成として、事業所得の8割を5000万ドル以上の企業体が占めている。このため、平均値の変動や数値は5000万ドル以上の企業のそれと連動している。

49

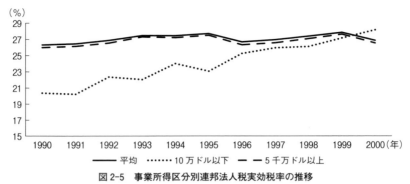

図2-5 事業所得区分別連邦法人税実効税率の推移

出所）U.S. Department of Treasury, *Statistics of Income various years*, より筆者作成。

次に、各年度で細かく数値を追っていくと、1990年には10万ドル以下の企業で実効税率は20.9％、5000万ドル以上の企業では26.7％でその差はおよそ6％と10万ドル以下の企業の負担は他の事業所得帯の企業に比べて低い状態にあった。1995年までは、事業所得10万ドル以下の企業と5000万ドル以上の企業との実効税率の差はおおむね3～5％ポイントの開きがあり、中小企業の負担は平均よりも低い状態にあった。

しかし、1996年以降この傾向が逆転し始める。まず、1996年時点での事業所得10万ドル以下の企業の実効税率だが1995年の23.1％から2％ポイント上昇して25.2％となり、5000万ドル以上の企業の26.3％とその差が急激に縮まっていく。このあと、90年代後半では10万ドル以下の企業の実効税率は毎年ほぼ1％ポイントずつ上昇し、99年の時点では10万ドル以下27.1％、5000万ドル以上27.6％と差分0.5％となり課税所得への負担はほとんどかわらなくなってしまう。

さらに、2000年では10万ドル以下企業の実効税率は28.1％となり、5000万ドル以上企業の26.5％、また平均値の26.8％を追い抜いてしまう。つまり、事業所得10万ドル以下の中小企業の負担が、5000万ドル以上の大規模企業体のそれよりも大きくなってしまっている。事業所得10万ドル以下の企業の課税所得については、その実額についても90年代後半には急速に増大していく。このため、課税所得の減少によって名目的に負担率が上昇するという現象は棄却される。このように、1990年代において中小企業への租税政策

表 2-4　1990 年代後半の事業所得 10 万ドル以下企業の納税額増減における産業別寄与度

	1996 年	1997 年	1998 年	1999 年	2000 年
全体（増減）	29.3%	21.3%	22.0%	40.0%	7.0%
農林水産業	−2.5% (−8.5%)	3.5% (16.6%)	−2.3% (−10.3%)	−0.3% (−0.7%)	0.6% (9.0%)
鉱業	−5.1% (−17.3%)	7.0% (32.9%)	−4.7% (−21.4%)	0.6% (1.6%)	2.1% (30.7%)
建設業	0.0% (0.1%)	2.3% (10.6%)	3.1% (14.2%)	3.3% (8.2%)	−1.8% (−25.8%)
製造業	26.8% (91.3%)	−14.7% (−69.1%)	−2.1% (−9.5%)	13.4% (33.4%)	8.0% (115.0%)
交通・公営・情報産業	0.6% (2.0%)	7.7% (36.1%)	0.2% (0.9%)	−0.1% (−0.2%)	−1.3% (−18.9%)
小売・卸売業	−1.7% (−6.0%)	6.6% (30.9%)	−2.0% (−9.0%)	0.0% (0.1%)	−0.2% (−3.4%)
金融・保険・不動産	3.2% (10.8%)	−0.8% (−3.9%)	28.3% (128.9%)	24.6% (61.5%)	−4.8% (−69.3%)
サービス	8.5% (28.9%)	9.7% (45.4%)	0.6% (2.8%)	−1.6% (−4.0)	3.6% (51.9%)

注）カッコ内は寄与率。なお、寄与度は各産業の増減を前年度の総額で割ったもの。寄与率は、各産業の増減を総額の増減で割ったものとなる。全産業での寄与度の合計は全体の増減に等しく、寄与率は合計 100％となるが、ここではその他部門（not allocatable）を除いているため必ずしもその合計は等しくない。

出所）U.S. Department of Treasury, "Returns of Active Corporations: Number of Returns, Selected Receipts, Minor Industry", *Returns of Active Corporations, Form 1120S: Major Industry, Statistics of Income Corporation Income Tax Returns*; various years より作成。

が効きにくい状態にあったことは注意を要する点である[23]。

　こうした租税負担の上昇を納税額との関連から確認していこう。表 2-3 は 1996 年から 2000 年までの事業所得 10 万ドル以下の企業の納税額増減に対する事業所得別の寄与度と寄与率を表したものである。この 5 年間で事業所得 10 万ドル以下の企業グループにおける納税額の実額は 2 倍超に増加している。それでは、数値の動きを順に追っていこう。図からもわかるとおり、1996 年以降事業所得 10 万ドル以下企業の納税額は 3 年連続して 20％以上の高い伸びを示している。この当時の GDP 成長率が 5％後半で推移していたことから鑑みても、この増加額は相対的に大きい。

　さらに、1999 年には前年度から 40％も納税額が増加している。各産業の

寄与度において特徴的なのは、製造業が増分の多くを支えていた1996年から、1998年、1999年には金融・保険・不動産業が全体の増分に対して60%から100%超もの割合を占めている点である。一方、ニューエコノミーの代表でもある情報産業が含まれる交通・公営・情報産業については1997年に寄与率30%を記録しているが、事業所得10万ドル以下の企業グループの負担構造においては目立った動きを見せていない。以上から、1990年代後半の事業所得10万ドル以下企業における納税額の増加、及び租税負担の上昇は金融・保険・不動産業を中心にもたらされたことがわかる[24]。

　以上に見られるように、1990年代に積極的に取られてきたはずの中小企業に焦点を絞った租税支出は積極的な効果があったとは言い難い。OBRA93では大企業に対する負担を重くし、中小企業に対してはこれを低くすることで雇用や経済活性を図る考えがとられた。しかし、実効税率などでも見られるように改革後の1990年代後半のほうが事業所得10万ドル以下の企業においては負担が高まっており、5000万ドル以上の大企業についてはわずかにではあるがそれが引き下がる傾向にすらある。このように90年代にとられた産業振興的租税支出は、その対象となる中小企業に対して積極的に働いたとは言えず、意図された租税政策の効果が出なかったものと考えられる[25]。

4　小括——産業構造変化と陳腐化する加速度償却の帰結

　以上、本章の分析結果を踏まえ、当初の課題設定に対する結論を述べる。
　1990年代における産業振興的な租税支出に関しては大きく2つの流れに分けることができる。ひとつは1980年代のインフレ対策として導入され1986年改革で修正されながらも残されてきた大型の租税支出である。1980年代以来残った加速度償却制度（ACRS）に代表される大型の租税支出は、産業構造の変化による企業投資行動の変化やそもそも政策の目標であったインフレの沈静化によって制度的に陳腐化し、新規投資が顕著に伸びていく90年代を通じてその規模は横ばいにとどまっていた。
　また、1980年代に導入された産業振興的租税支出のうち、最大のものとされるACRSがTRA86以降も制度的には投資傾向を歪める性格を有しながら、

コンピュータなど資産償却の加速性が低い分野に集中した。つまり、ACRSは制度的な陳腐化によってその規模が抑制される傾向にあったといえる。このように1980年代の流れが2つの側面から陳腐化されたというのが第1の結論である。

もうひとつの流れは1990年代の租税政策として入ってくる中小企業向けの租税支出である。90年代には租税制度そのものが複雑化し、消費財の即時損金算入やAMTの軽減措置などが中小企業を対象としながら新たに講じられた。歳出予定段階で見たとき、社会保障向けに増額された勤労所得税額控除の額などと比較しても、産業振興的な租税支出の規模は小さくない。にもかかわらず、中小企業の負担は、減税政策が行なわれた1990年代のほうが、実効税率を見る限りでは上昇してしまっている。このように、1990年代のアメリカでは新規設備投資が順調に伸びていったが、産業振興的租税支出は増大を見ることなく、また新たに導入された租税支出の効果も限定的であった[26]。以上、2つの理由から1990年代には産業振興的租税支出が増大することはなかったといえるのである。

では、産業振興的な租税支出の影響が小さかったことは、1990年代の法人税にとってどのような意味があったのだろうか。スタールによればアメリカの連邦法人税はTRA86改革以後、大きく変更されなかったと評価されている（Steuerle 2002）。本章で繰り返し指摘したように、法人税に影響を与える産業振興的租税支出の増大を見なかったという事実もこの評価を補強する。その意味で1990年代に法人税制に内在する「ゆがみ」は小さくなっているといえるだろう。しかし、実際には各年度の税制改革を通じて徐々に法人税制は複雑になっており、簡素の原則は侵食されていった。また、先に述べたようにTRA86は貫徹された改革ではなく、一部資本投資への税制優遇は温存された。

結局、簡素の原則が犠牲にされながら1990年代の法人税に大きな動きがなかったように見えるのは、ACRSのような旧来の租税支出と1990年代に導入された中小企業向けの租税支出が影響をあまり及ぼさなかったためだといえる。その意味では、一見「ゆがみ」が小さいように見える1990年代のアメリカ法人税制というスタールの評価はネガティブな意味でのそれに過ぎな

い。そして、このような産業構造の変化と政策目的との乖離は2000年代以降の法人税を通じた景気対策にも引き継がれていく。その実態は次章において詳しく扱っていくことしよう。

CHAPTER 3

時代遅れの減税措置、加速度償却制度はなぜ生き残ったのか？

残余的・政治的妥協としての制度へ

1 蘇る投資促進策としての加速度償却

　1986年改革が課税ベースの拡張を狙ったものとして予定されていたことを考えると、他の投資活性化策である投資税額控除の廃止などと比べると、加速度償却制度の残存は改革のなかで残された課題ともいえた（Peckman 1987 p.188）。しかし、投資活性化を狙って残存した加速度償却制度は、1990年代の景気回復期においてプレゼンスを発揮しなかった点については前章で確認したとおりである。

　その背景には、1990年代以降から急速に企業によって進められた投資財としての「コンピュータ関連機器」の導入が挙げられる。以上のような変化は、投資額の増加が生じ、アメリカ経済全体が好調を取り戻した1990年代に残存した投資活性化政策である加速度償却制度が増加しなかった理由のひとつであった[1]。

　1990年代を通じて、大きな減税効果をもたらしてこなかった加速度償却制度であるが、2001年以降、ブッシュ政権期に入ると再び連邦政府の減税政策に組み込まれていく。2001年雇用促進税制改革において、初年次償却の割合を30％に引き上げることが決まった。また、続く2005年減税において償却率が50％に引き上げられることとなった。

　こうした政策減税の効果は、図3-1からも明らかである。加速度償却制度の額と規模は、2000年代初頭に急激に膨れ上がっている。その後は、後述するボーナス償却制度の期限切れや復活を背景に増減が繰り返されている。一方、加速度償却は制度的に償却期間を前倒しすることで、投資促進を促そう

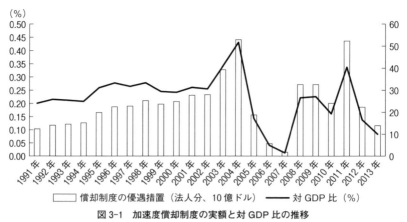

図 3-1　加速度償却制度の実額と対 GDP 比の推移

出所）Joint Committee on Taxation, various years より作成。

とするものである。このため、景気循環においては投資需要の先食いを引き起こす。結果的に、償却率の引き上げを行った年に投資増加をもたらすものの、後の年では投資や償却制度の利用の縮小を伴うこととなる。2007年以降はリーマンショックの影響もあり、世界的にも景気が縮小することになったため、制度的影響をどの程度分離するかもう少し精緻な分析が必要といえる。オバマ政権下での2011年には100％のボーナス償却が行われており、そのため、11年以降もその規模は再び膨張する。

　2000年代以降、事業に関連しての減価償却制度では、先に挙げたボーナス償却と主に小規模事業者を対象として行われた即時償却制度（Section 179）の拡張が、政策面で議論となった。即時償却制度は、上限額の設定などからその規模は加速度償却制度やそのボーナス償却と比較して大きくないが、投資促進策として活発に議論されている。また、加速度償却制度とセットで拡張が議論されてきた。以下、両制度の概要を述べるとともに、その税制上のインパクト、投資への効果について先行研究を中心にまとめを行う。

2 償却制度の拡張過程について

2.1 ボーナス償却制度

　ボーナス償却制度は、9.11 テロ後の景気刺激を目的として、ブッシュ政権下で成立した景気刺激策である「雇用創出労働者支援法（The Job Creation and Worker Assistance Act of 2002）」（2002 年 3 月成立）によって設立された制度である[2]。この制度は、2001 年 9 月 11 日以降に購入され 2004 年 12 月 31 日までに設置供用開始となった新規設備投資に対して、初年次に 30％の追加償却を認めるものである。加速度償却と併用されたシステムとなっており、初年次の実質的な償却割合は 30％を上回る。同法下での 30％追加償却は、加速度償却において 10 年以上の適格資産及び、輸送機械についてのみ 1 年限りで延長が認められている。

　さらに、「2003 年雇用と成長のための減税法（Jobs and Growth Tax Relief Act of 2003）」（2003 年 5 月成立）により、2003 年 5 月 5 日以降に購入され 2005 年 1 月 1 日までに設置供用された新規投資に対しては、初年次に 50％の追加償却が認められるようになった。その後、2005 年 1 月 2 日から 2007 年の 12 月 30 日までの、ほぼ 3 年間についてはボーナス償却制度は一時的に失効した状態となった。

　「2008 年景気刺激法（Economic Stimulus Act of 2008）」では再び 50％ボーナス償却が復活し、2007 年 12 月 31 日からの新規購入で、2009 年 1 月 1 日までの設置供用設備投資に対しても適用が行われた。以上は、ブッシュ政権下で行われた制度であったが、続くオバマ政権下でもボーナス償却は引き継がれていく。

　「2009 年アメリカ再生・再投資法（American Recovery and Reinvestment Act of 2009）」において、50％初年次追加償却が引き継がれ、また、2008 年に導入された開発投資と代替ミニマム税額控除について非使用分の還付可能化についても延長が行われた。「2010 年失業保障及び再認証と雇用創出のための減税法（Tax Relief, Unemployment Compensation Reauthorization, and Job Creation Act of 2010）」においては、一部資産については初年次

57

100％償却が、また、大多数については50％償却の延長が2013年末までの設置供用開始まで認められることとなった。また、50％償却については、その後も2013年1月2日に成立した「2012年アメリカ納税者救済法（The American Taxpayer Relief Act of 2012）」によって2014年1月1日までの延長（固定資産の購入と設置の期限）が決まり、その後2014年1月2日に再び失効を迎えた。

2014年12月に成立した「2014年増税防止法（Tax Increases Prevention Act of 2014）」によって、50％償却は再び2014年12月31日から1年間の延長がなされた。その後、「2015年増税からのアメリカ人保護法（The Protecting Americans from Tax Hikes Act of 2015）」により2015年から2017年までは初年次50％のボーナス償却が維持されることとなった。

以上を整理すると、2001年9月11日から始まったボーナス償却は、2003年5月に50％に引き上げられたのち、2005年1月1日で一度失効する。2005年1月2日から2007年12月30日までの購入に関しては、ボーナス償却は適用されず、再びこれが始まるのが2007年12月31日以降である。

また、2010年9月8日から2011年12月31日までの購入に関しては、100％償却が認められた。2014年に引き伸ばしが一時停滞するが、14年末に成立した法案により再び1年の延長が認められた。2015年法により、2020年までの購入固定資産については、引き続きボーナス償却が認められる状況となっている。

以上で説明した制度変更は、図3-1の推移と重なっている。50％償却が認められた2003年に一時的に上昇したのち、2005年から制度が失効していた2006、2007年に規模が急減、50％償却が再び認められた2008年から増加する。また、2011年には100％償却が認められたため、規模が急増している。その効果及び、延長等についていかなる政策議論があったかについては、後段において詳述していくこととする。続いて、小規模事業主向け即時償却制度であるSection 179の拡大過程を見ていこう。

2.2　Section 179 の拡大

連邦歳入法においてSection 179（以下179条）による償却制度は、一定額

の購入資産については初年次即時償却が可能となっている。また、投資総額については上限が設定されており、これを超えたものについては他の償却制度を選択することとなる。オバマ政権期における179条における即時償却の額は50万ドルであり、上限は200万ドルとなっていた。この制度の目的は、租税の簡素化、中小企業による投資促進等である。適格資産は連邦歳入法1245条（a）（3）によって定義されており、建物等については基本的に含まない。また、既製品のPCソフトについては同条には含まれないが即時償却が可能となっている。

179条の導入は1958年に先に挙げた2つの目的から導入された。導入当初は2000ドルが購入資産の上限とされていた。これが拡張されるのが、レーガン政権下である。レーガンは1981年経済回復税制改革において、即時償却可能な額を5000ドルとし、さらに、これを段階的に引き上げ1986年には1万ドルとした。

財政再建期においては、さらなる引き上げが延期されることとなったが、再びこれが上昇するのがクリントン政権下でのOBRA93においてであった。OBRA93は財政再建法であるため、個人所得税や法人税の名目税率の引き上げが組み込まれたものであったが、同時に各種の租税支出の拡張が行われた画期でもあった。179条もこうしたパッケージの一部であり、さらには、経済的な発展の遅れた地域においてより多くの特例を組み込んだEmpowerment Zoneにおいて活用されるようなる。

クリントン政権におけるこうしたスタンスを、続く共和党ブッシュ政権も引き継ぐこととなった。179条の即時償却額は上昇し、また、その政策的な活用は9.11後のニューヨークや、ハリケーン・カトリーナ被災地域における投資の活性化に活用されるようになる。また、50万ドルまでの引き上げは2013年までは時限立法であったが、この額は2015年の「2015年増税からのアメリカ人保護法」により恒久化している。

ただし、179条による租税支出の規模は、加速度償却制度と比較すると小さく2015年の段階では、法人48億ドル、個人78億ドルとなっている。後述する通り、グラベルはその規模が企業の償却全体の2％と極めて限定的なものであることも指摘している（Gravelle 2012）。

ただし、政策的な思想を言えば、レーガン期に導入された同制度の拡張が、クリントン、ブッシュ、オバマと共和党、民主党問わず受け入れられていることは興味深い。加速度償却制度も含め、償却制度の変更による投資の活性化については政治的対立が弱いと理解することができよう。

2.3 償却制度変更に関する経済効果

ここで、キチエンとナイテル、グラベルらの資料をもとに、加速度償却制度やボーナス償却制度によって投資額のそれぞれの償却が毎年度どのように変遷するのか、また、それによる資本コスト、限界実効税率、資本ごとの限界実効税率について整理を行っておく（Kitchen & Knitel 2016；Gravelle 2012）。

表3-1は、通常の加速度償却制度と50％初年次償却が認められた場合の償却期間毎の影響に関する表記である。例えば、3年間の償却期間の資産に関しては、通常の加速度償却制度では初年時の最初の半年分に33.33％、次の年に44.45％、3年目に14.81％、最後の年の半年分に7.41％の償却が認め

表3-1 資産の償却率の比較

	1年	2年	3年	4年	5年	6年	7年	8年	9年	10年	11年
修正加速度償却制度による償却率											
3年	33.33	44.45	14.81	7.41							
5年	20	32	19.2	11.52	11.52	5.76					
7年	14.29	24.49	17.49	12.49	8.93	8.92	8.93	4.46			
10年	10	18	14.4	11.52	9.22	7.37	6.55	6.55	6.56	6.55	3.28
15年	5	9.5	8.55	7.7	6.93	6.23	5.9	5.9	5.91	5.9	5.91
20年	3.75	7.22	6.68	6.18	5.71	5.29	4.89	4.52	4.46	4.46	4.46
初年次50％償却を加えた修正加速度償却制度による償却率											
3年	66.67	22.23	7.41	3.71							
5年	60	16	9.6	5.76	5.76	2.88					
7年	57.15	12.25	8.75	6.25	4.47	4.46	4.47	2.23			
10年	55	9	7.2	5.76	4.61	3.69	3.28	3.28	3.28	3.28	1.64
15年	52.5	4.75	4.28	3.85	3.47	3.12	2.95	2.95	2.96	2.95	2.96
20年	51.88	3.61	3.34	3.09	2.86	2.64	2.44	2.26	2.23	2.23	2.23

出所）Kitchen and Knittel（2016 p.6）より抜粋。

られる。最初と最後の年における税制上の償却期間がそれぞれ償却資産の半年分となっているため、これをあわせて1年分と計算する。資産の償却期間の半分ですでに全体の7割以上を償却可能であり、この時点ですでに極めて「加速度的」償却が認められていることがわかる。

50％の追加での初年次ボーナスが認められる場合を見ると、これがさらに大きくなる。同じく3年間の寿命資産についての償却制度を見ると、初年次については66.67％の償却が認められる。これは、全体の50％に残りの50％に対する33.33％である16.67％が加えられている形となる。次の年には22.23％（残り50％の44.45％相当）の償却が認められるため、期間半分で88.9％、ほぼ9割の減価償却が認められることとなる。

償却期間の短期化は、一般的に長期間の償却期間を持つ投資にインセンティブを与えることが、表からも明らかである。例えば、期間15年資産では、通常2年間では資産全体の14.5％しか償却できない。ボーナス償却が認められていれば、初期2年間の償却は6割に上ることとなる。

償却期間の長い資産は、多くが大規模な設備投資であると予想されることから、ボーナス償却制度による圧縮は投資初期における実効税率を引き下げる効果があることが予測される。実際、表3-2に示すとおり、減価償却による所得控除の現在価値を見た場合、加速度償却制度と50％ボーナス償却を比較した場合の差分は20年資産で最大となっている。

グラベルは、このような手厚い減価償却制度の影響により国際的に見て高い名目税率を持つアメリカの法人税が、実効税率ではほぼOECD平均と近

表3-2　所得控除の現在価値（割引率5％想定）

試算償却期間	加速度償却制度	50％ボーナス償却プラス	差分
3年	95.59	97.7	2.11
5年	91.8	95.9	4.1
7年	88.4	94.2	5.8
10年	83.7	91.9	8.2
15年	73.3	86.7	13.4
20年	66.7	83.3	16.6

出所）Kitchen and Knittel（2016 p.8）より一部抜粋。

似するとしている（Gravelle 2014b）。具体的には、2010年に39.2％であるアメリカの法定税率は、OECDの平均名目税率29.6％と比較すると10％ポイント程度高い値となっている。

一方、資本投資に対する限界実効税率（2010年）で比較するとアメリカは23.6％、OECD平均21.2％とその差は大きく縮まるとしている。グラベルは、また、資本投資に対する国際的な課税の潮流としては、課税ベースを広げることで引き上げを図る国が多いなか（例えばドイツやイギリスなど）、アメリカのようにその引き下げを行う例は少ないとして批判的に捉えている（Gravelle 2012）。

さらに、加速度償却制度が基本的に製造業に有利なシステムであり、特定産業に恩恵が集中する点で課税の中立性を侵害するとしている。また、ボーナス償却制度も制度による投資への影響が、企業の通常の投資行動を攪乱し、ビジネスサイクルに影響を与えることで市場に対して混乱を生じさせるともしている。

たしかに統計を見る限り、ボーナス償却制度の実施後に、償却額は急激に上昇するが、それ自体は2、3年で急減するサイクルを繰り返しており、中長期的な投資促進として機能しているのかについては疑問符がつく。再びグラベルは、ボーナス償却制度が開始された2002年以降、2011年の拡張まで同制度により目に見えた景気効果は生じず、さらに多くの企業はボーナス償却制度自体を利用しなかったとしている。

また、従来から加速度償却制度の利用の25％は製造業に偏っており、さらに製造業のなかでも装置産業、一般製造機械産業、特別製造機械産業、製鉄・金属加工機械の4部門でその4分の3を占めており一部の産業が同制度の恩恵を受けているとして租税の中立性の観点から疑問を呈している。

179条についても2001年から03年の間で、中小企業の半分程度しか制度上利用できる即時償却を利用しなかったとしている。そもそも179条による償却制度は企業の償却制度のなかで2％に満たないとして、その規模からも投資効果を期待することは難しいと指摘している。その理由としては、償却制度の多くを利用する製造業種が中小企業に少ないためであると分析している。

また、キチェンらが整理している他の論者の主張に関していえば（Kitchen and Knittel 2016）、アウバッハは加速度償却制度や179条等は投資の先食い措置であり、中期的には企業の収益に影響を持たないとしつつ、短期的には投資促進の効果が理論的には考えられるとしている。租税学者のスタールは、これらの投資促進策が、そもそも設備投資を行うための余剰資金がなくては行えず、投資促進に根本的には機能しないとしている。また、即時償却による税制の簡素化といった利点についても、州税との兼ね合いから複雑化するため、これも弱いと主張している。加速度償却制度の効果が薄いとしている論者としては、他にハセットやデサイ、コーエンらも投資効果は限定的か極めて低いとの結論を出している。

　これに対し、アウバッハらは実証研究を通じて、加速度償却制度が投資に対して有意な効果を持ったとしており、ヒューストンも同様の結論を導いている。ハウスとシャピロらも加速度償却制度のボーナス償却において、効果の高い長期間償却資産と適格資産において投資が伸びたことを確認しており、同制度が効果を持ったと結論づけている。

　この結果を見る限りでは、加速度償却制度及び、ボーナス償却制度や179条によって実際の企業投資が伸びたかについては論者によって相当程度開きがあるのが現状である。分析の主角として、マクロ的な投資促進や雇用増については確認されなかった一方、一部の企業では制度を積極的に利用した（つまりミクロ的には効果があった）ということがこれらの評価の分かれる一因であろうと考えられる。

　こうした政策効果に対する評価が実際の政策形成過程でどのように摂取されているのかについても、制度を評価する上で重要である。引き続いて、設備投資の増減及び、いくつかの経済関連統計を用いて、ボーナス償却制度の効果について独自に検討を加えていこう。また、ボーナス償却制度の導入及び、延長をめぐって行われた政策論議及び投票結果等をもとに加速度償却制度がアメリカの租税政策上、現状でどのような位置づけにあるのかを明らかにしておこう。

3 償却制度をめぐる経済効果と政治過程

3.1 経済効果

　加速度償却制度や、ボーナス償却、179 条などにより企業による投資行動や、あるいは期待されるように雇用に対してプラスの効果が出たのかどうかについて、投資に関しては一定の効果があったとする説と、その効果がほとんどなかったとする説とで隔たりがあるとした。ここでは、NIPA の統計データ及び、SLO の雇用者統計を用いて、償却制度の変遷と経済的効果の関係を整理しておく。

　図 3-2 は BEA により制作された企業の課税前純利潤の変化率と、純利潤の税制による圧縮効果を見たものである。課税前純利潤の対前年比は、ほぼ景気変動と同意義であるといえる。これを見ると、2003 年から 07 年までは

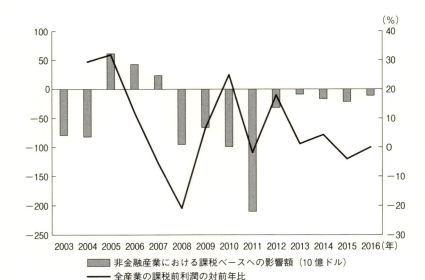

図 3-2　法人の課税前利潤変化率と税制による利潤圧縮額の推移

出所）U.S. Department of Commerce Homepages（https://www.bea.gov/）, Bureau of Economic Analysis, National Income and Accounts, Table of Net effects of the Tax Acts of 2002, 2003, 2008, 2009, 2010（and Extensions）on Selected Measures of Corporate Profits, より作成。

対前年比はやや下がりながらもプラスとなっており、景気の拡大期であることがわかる。2008 年、09 年はリーマンショックによる停滞を経験しており、利潤の増減率はマイナスとなっている。2010 年の反転以降、再び緩やかに回復するも 15 年にかけて、成長率が落ち込んでいくことが見て取れる。また、リーマンショック以後の回復は、それ以前の成長率よりも低いことが特徴である。

棒グラフは、税制によってどの程度利潤が圧縮されているかを表している。制度上、純利潤を圧縮することは課税ベースを圧縮することであり、ここではマイナス幅が大きいほど企業にとって税負担が軽くなっていることを示している。

これを見ると、図 3-1 の変動とほぼ重なることが見て取れる。02 年、03 年、11 年以降はボーナス償却制度の成立、延長、復活、拡張などを背景にその額が変動している。一方、制度が 05 年から 07 年、延長審議が停滞した 14 年にはその額がプラスないし、マイナス幅は極めて小さい結果となっている。15 年以降の変動はさらにこうした影響とは別に税制上の圧縮効果が停滞していることを示している。

ただし、ボーナス償却が実際の固定資産の投資の動向に影響を与えているのかどうかは注意が必要である。図 3-3 は、取得原価ベースで見た純固定資産ストックの対前年比増減率である。減価償却制度の特例は、グラベルらの指摘に従えば製造業において特に恩恵を与えているとされる。製造業について法人、非法人を取り出してその推移を見ている。この推移を見れば明らかなとおり、増減は景気動向とほぼパラレルであり、図 3-1 や図 3-2 に記される税制上の優遇措置との関連性は低い。

実際、図 3-1 で用いている償却制度の優遇措置の対 GDP 比と、図 3-3 の各データとの相関係数をとると、民間非居住用設備投資（非法人）以外はすべて負であり、また、相関係数自体も ±0.2 以下でほとんど無相関となっている。例えば、2011 年は過去 20 年間にわたり、償却制度による税制上の優遇措置が最大の項目として計上されているが、設備投資の増減には大きな影響は見られない。この点からいって、実際の固定資産の増減と、税制上の優遇措置は相互に強く関連しているとは言い難い。以上の点から考えても、先

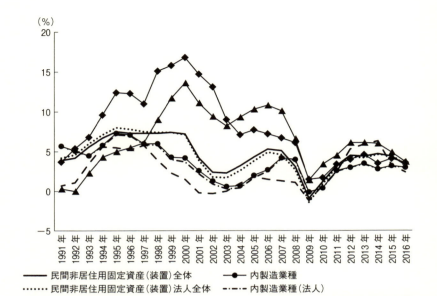

図 3-3 取得原価ベース純固定資産ストックの対前年増減率

出所) U.S. Department of Commerce Homepages (https://www.bea.gov/), Bureau of Economic Analysis, Historical-Cost Net Stock of Private Nonresidential Fixed Assets by Industry Group and Legal Form of Organization, yearend estimates, より作成。

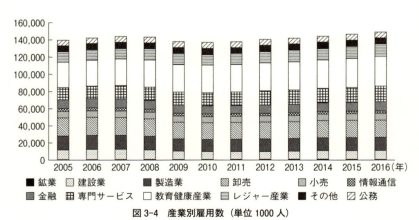

図 3-4 産業別雇用数 (単位 1000 人)

出所) U.S. Department of Labor Homepages (https://www.bls.gov), Bureau of Labor Statistics, Household Data, Annual Averages, Table14 Employed persons in nonagricultural industries by age, sex, race and Hispanic or Latino ethnicity, various years, より作成。

に示した一連の償却制度の優遇措置が、企業の投資行動に与える影響は限定的であるとするグラベルやCRSの見解は蓋然性のある主張であるといえよう。

続いて、償却制度が雇用の増加に対して与えた影響について検討しておく。雇用総数の推移と製造業の推移である図3-4を見るとこれもまた、景気変動とほぼパラレルとなっている。製造業は2006年の段階から雇用が減少し始め、2010年の景気反転からやや回復するも、2016年の段階でも実数では景気後退期以前まで回復していない。そもそも、製造業の雇用数は、1995年の段階から2005年の時点で400万人減少しており、雇用総数全体に占める割合に関しても大きく下がっている。

製造業の雇用減を埋めているのは、鉱業、業務サービス、教育産業による雇用増である。この内、時価会計ベースでの純設備投資で見ると、製造業が20.9％を占める一方、教育産業は0.9％、鉱業とビジネスサービスはそれぞれ3％と雇用を増やしている産業ではそもそも設備投資を増やしているわけではない。以上見たように、政策主体が期待するような雇用増の効果は、設備投資の増加策によってもたらされた可能性は極めて低いことが明らかといえよう[3]。

3.2　ボーナス償却制度をめぐる政治過程

グエンサーも指摘するように、少なくとも第112議会（2011〜13年）までは加速度償却制度に対して両党的な支持が存在したとされる（Guenther 2013 p.8）。ただし、第113議会においては財政赤字の削減問題のなかで、両党でボーナス償却制度やSection 179をめぐり対立が深まりつつあったともいわれる[4]。

こうした指摘は、現実の政策議論のなかでも当てはまるであろうか。ここで、ボーナス償却制度をめぐるいくつかの政策形成プロセスから、民主・共和両党のボーナス償却制度及び加速度償却に対する評価を確認する。ただし、基本的な立場として共和党は、2000年代以降に両制度を批判的に扱う議員は確認されなかった。また、民主党議員も、少なくともボーナス償却が時限的措置として取り扱われている法案には、その効果を積極的に評価するコメ

ントが多い[5]。以上の点を見ても、ボーナス償却制度が両党的支持を得ていると判断できるが、2014年の時点で初年次償却を50％とする制度の恒久化法案をめぐる審議においては両党で議論が起きている。この点をやや詳しく見ていこう。

先にも見たように、2014年1月2日に初年次ボーナス償却の50％措置が失効したことを受けて、この延長が同年中議論されることとなった。時限的な引き延ばしとして、2014年5月23日に下院歳入委員会（Committee on Ways and Means）において、4人の民主党議員（Neal, R. Sanchez, L. Blumenauer, E. Welch, P）により2014年ボーナス償却延長法（Bonus Depreciation Extension Act of 2014, H.R.4743）が提出され下院において参照された。すなわち、当初から2014年の段階で民主党側もボーナス償却制度の、少なくとも時限的な形での延長については支持していたことがわかる。ただし、この法案の本格的な審議は、2014年7月に行われたTo amend the Internal Revenue Code of 1986 to modify and make permanent bonus depreciation（H.R.4718）による初年次ボーナス償却の恒久化をめぐる議論においてとなろう。

議論を整理するために、先に同法の顛末を述べる。先述のとおり、2014年の議会では、時限的措置として繰り返されてきたボーナス償却制度を恒久化することが目指された。法案の起草者はティボーリ共和党議員で共同提案者は26名、内25名が共和党議員で、1名のみ民主党議員となっている。なお、共同提案者である民主党議員は、ミシガン州選出のゲイリー・ピーターであった。同法は5月22日に提出され、最終的に7月11日に258対160で下院を通過したが、上院において議論がまとまらず最終的に廃案となった。この議論が、12月に再燃し、次年度1年間の延長となる2014年増税防止法につながっていく。

話を恒久化法の審議に移そう。ここでは、下院歳入委員会委員長を務めていたキャンプ共和党議員の発言をもとに、同法案の狙いと共和党側の代表的スタンスを確認しておく。まず、キャンプは2014年にボーナス償却が失効したことにより、アメリカ経済にマイナスの影響があったと全米製造業協会（The National Association of Manufactures）による調査や発言をもとに主

張している。それによれば、2014年に入り、事業主の3分の1がボーナス償却の失効により、投資を控えているとの見解が紹介されている。また、この法案が過去12年間のうち、繰り返し延長されてきたとしてその両党的支持を主張、そのため、この制度を恒久化することが正しい選択であると主張している[6]。

これに対して、民主党のヴァン・ホーレン議員は、共和党による提案について、次の3点から批判を行っている[7]。1点目は、ボーナス償却がそもそも時限的措置であるという点である。この政策が、いずれも景気後退期の刺激策として実施されてきた点を強調し、恒久化は制度の持つインセンティブを消失させるとしている。また、時限的措置自体に、その効果がほとんどなかったと主張するCRSの見解を紹介している。

2点目は、共和党が5ヵ月前に下院に提出した法人税改革においてボーナス償却の廃止を挙げていたにもかかわらず、一転して制度の恒久化を主張しているという首尾一貫性のなさへの批判である。最後に、雇用や労働者の条件の引き上げのためには、より効果的な対策が多数あるとして、その審議を進めるべきであるとの主張である。

1点目の時限的措置としてのボーナス償却の制度的意義については、同じく民主党のキンド議員も発言を行っている。また、レビン議員（民主党）も、CRSのリポートを引きつつ、ボーナス償却制度の実際の景気浮揚効果について疑問符を投げかけている。ただし、レビンは2014年12月3日の時限的措置としての延長の議論の際には、ボーナス償却が事業主にプラスの効果をもたらすはずだと発言しており、一貫した主張をしているとは言い難い。その点で、民主党の批判はいわば批判のための批判となっており、これまでこの制度に対して比較的寛容であり、両党的合意を行ってきた手前、その批判には様々な矛盾がつきまとうのは無理からぬこととも言えよう。

それは、法案修正議論において、恒久化の2年間への延長法案への代替という提案における投票行動でも現れている。制度の存在理由への問題提起を行っておきながら、同修正案に対して、ヴァン・ホーレンもキンド、レビンも賛成を表明している。結局、この修正案は賛成191、反対229で否決されることとなった。最終的に法案は下院の審議にかけられ、賛成258、反対160、

棄権 7 で通過することとなった。この賛成票には 34 の民主党票が投じられる結果となっており、民主党内のボーナス償却制度への積極的な評価が透けて見える形となっている。

そもそも、中小企業やビジネスオーナーは民主党にとっても無視しえない重要な対象であることを考えると、効果が薄いとしてもそれらに直接の恩恵となる償却制度による減税措置は一定の支持を持つものと考えられる。

以上、2014 年の下院審議を中心に、償却制度への両党的支持の性質を読み取ってきた。最後に、本章において明らかになった点をまとめるとともに、アメリカ法人税制度における償却制度の位置づけをまとめておこう。

4　小括——償却制度を通じた資本蓄積の政治経済的側面について

本章では、アメリカの連邦法人税の租税支出において、長らく最大の規模を誇ってきた加速度償却制度及び、その時限的な拡張政策であるボーナス償却制度の利用について、制度変更及びその効果、政策過程における議論を追ってきた。最後に、その流れをまとめるとともに、法人税における償却制度の位置づけについて考察を加えていく。

1990 年代に景気拡大のなかで、固定資産の内容の変化などから法人税における償却制度の規模の変動は小さかった。しかし、2000 年代に入り、景気後退期の景気刺激策として初年次のボーナス償却が実施されるなか、その規模は年ごとに大きく変動することとなった。

ただし、その効果に関する議論では専門家の間でも、一定程度の投資促進効果を持ったとするものから、まったく効果がなかったとするものまで幅が広い。そこで、本章でも独自に関連統計を整理することで、この点について検討した。結果、ボーナス償却が伸びる年においても、企業の固定資産の新規設備投資額に大きな変動は確認されないことが明らかとなった。このことから、制度変更が与えた影響は顕著ではないと評価した。また、一般に期待される製造業を中心とした雇用増加効果も、雇用統計からほとんど確認できず、ボーナス償却が伸びた時期の雇用増加は設備投資にほとんど関連のない教育産業や専門サービス業が中心であったことを明らかにした。

その一方で、同政策はその政策効果以前に、アメリカ議会のなかで成立・合意に至りやすい両党同意が存在する政策であることを議会の政策過程を中心に描いた。すなわち、ボーナス償却制度や加速度償却制度は、その効果いかんよりも、二極化が激しいアメリカ政治のなかで、両党が党派対立を超えて成立させやすいいわば結節点の政策として存在したといえよう。これは、共和党にとってみれば減税政策は支持しやすく、民主党にとっても雇用や中小事業主への配慮という点で反対する理由のない政策であるということが強く作用していると考えられる。以上から、2000年代において、政策効果上は積極的理由の見出しにくいボーナス償却制度が長らく温存され両党の支持を得てきたといえるだろう。

　最後に、この政策の法人税上の位置づけについて述べておこう。アメリカ連邦法人税において、図3-1でも示したとおり、償却制度の相対的位置づけは制度的な積極活用がなされた2000年代に入り、むしろ漸進的に低下してきている。代わりにその位置を高めたのが、海外子会社の課税繰り延べ措置などを中心としたグローバル企業に対する租税支出である。トダーも指摘するように（Toder 2016）、アメリカの法人による直接投資が有形固定資産でなく、無形の知的資本に移り、企業活動がアメリカ国内で完結しなくなるなかで、法人税における見直し議論は伝統的な「広い課税ベース、低い名目税率」という牧歌的なプランでは成り立たなくなる可能性が高いとされる。

　アメリカの法人税は、その意味で2000年代を通じて、全世界課税方式からテリトリアル課税への変更や、海外子会社利益を国内法人の利益としてどのように扱うかという論点のほうがより大きくなっていった。最初に語ったように、国内経済にとどまる租税政策は、ある意味でその時代的役割を終えつつある。一方、実際のツールとしての政策は、政党間の対立の高まりを背景に妥協点を見出しやすい償却制度が活発に利用されるような、ある種のねじれが生じているのだ。

　このねじれは、その後のアメリカ連邦法人税の主要なアジェンダとなり、最終的に2017年度トランプ減税に結実していく。この論点は、第5章においてあらためてオバマ政権における包括的税制改革提案の潮流を明らかにするとともに、第6章でトランプ減税のアイデアについて2000年代に行われ

た議論との連続性を明らかにすることで上記の問題意識に答えることとしたい。

　次章では、課税ベースの侵食である加速度償却に並んで、アメリカ法人税における構造的問題点として長らく指摘されてきた二重課税問題が2000年代、とくにブッシュ政権においてどのように変更されたのか、実態とその政策過程を明らかにしていく。

CHAPTER 4

アメリカ法人税の「古い」アジェンダ、二重課税問題

金融資産優遇への傾斜による解決

1 配当所得減税の背景

　アメリカ法人税の構造的問題として、古典的には2つの問題が指摘されてきた（Pechman 1987）。1点目は本書第2章、3章で議論してきた加速度償却制度により法人税の課税ベースが侵食される問題である。もうひとつは、個人所得段階で法人税負担と個人所得税負担が二重に生じる、いわゆる「二重課税問題」である。

　法人税と個人所得税のいずれの段階でも純利益に課税がなされるシステムは、アメリカの資本投資に対してネガティブな影響を懸念された。1990年代以降進む経済のグローバル化は、高度な累進所得税や資本への課税を困難にするとされてきた[1]。欧米及び先進資本主義国における1980年代後半から90年代にかけての税制改革の流れはグローバル化の影響を反映したものとも捉えられる[2]。アメリカにおいても1990年代の初頭こそ累進所得税の最高限界税率の引き上げが行われたが、それ以後は一貫して限界税率及び資本課税に対して減税が続けられた。

　とくに、資本課税については財政再建期と位置づけられた90年代初頭においても税率の据え置き及び引き下げが行われた。2001年以降は議会及び大統領府が共和党によって占められている状況で、連邦所得税の限界税率、キャピタル・ゲイン、配当所得への課税の引き下げが実施されてきた。こうした減税政策は、経済対策としての側面が強いものであったが、均衡財政主義からの結果的な撤退と所得再分配機能の低下、そして総合所得税からの撤退と結果としての消費型所得税への変貌という財政、経済的帰結を迎えるも

のであった[3]。

　減税による経済浮揚効果及び、サプライサイド経済学に基づく、経済成長による税収増での財政赤字のファイナンス効果については、疑問符が投げかけられるが、一方で1990年代以降のアメリカは大型減税のたびに経済成長を持続させてきたのも事実である。しかし、とくに2000年代以降の減税による恩恵は、著しく高額所得者に集中したとされる。

　こうした現象に対して、アメリカの主に政治学による先行研究は、中間層の政治的参加の衰退（スコチポル 2002=2007；Skocpol 2006）、及び民主主義そのものの力（あるいは調整機能）の衰退がこうした平等面を重視しない税制改革に結びついていると批判している（Hacker & Pierson 2005a, b, 2006）。

　本章の目的は、グローバル化の影響によって生じるとされる累進所得税の所得再分配機能低下や資産性所得への減税圧力がアメリカという国の内部で制度形成を経るなかでどのように内面化され、また、その政策がいかなる問題を有しているかを考察することにある。このような問題意識に立ち、本章ではとくに2003年に行われた「2003年雇用・成長減税リコンシリェーション法（Jobs and Growth Tax Relief Reconciliation Act of 2003、以下、JAGTRRA2003）」に組み込まれた株式配当所得に対する減税の影響及び成立過程を追うことで上記の課題を明らかにしていく。

　ここで、配当所得減税を主題に取り上げる理由は、配当所得に対する二重課税問題が、金融性所得に対する減税という面で経済のグローバル化が租税に与える影響を考えるうえで重要であるのみならず、長らくアメリカの租税論において議論されてきているためである。また、配当所得の減税効果はアメリカの所得構造上、富裕層にその恩恵が集中する傾向にあるため、所得税の再分配効果を考察するうえでも適当であると考えられる。

　本章は次の形で進められる。まず、アメリカ国内で近年の減税をめぐり、政治的にいかなる問題点が指摘されているかを先行研究の整理及び国内世論の動向を元に明らかにしていく。続いて、2003年に実施された配当所得減税の経済的効果及び、所得階層別での変化を観察し政策効果について確認を行っておく。最後に、整理、観察から得られた問題意識をもとに2003年減税において配当所得減税を中心に展開されたアメリカ連邦議会上院での議論

からアメリカにおける減税圧力の内面化とその問題について考察を行う。

2　配当所得減税の内容について

議論の本旨に入る前に、簡単に 2003 年に行われた JAGTRRA2003 及び配当所得減税の内容について触れておこう。

2003 年 1 月、ブッシュ大統領率いる大統領府は、600 億ドルに上る減税プランを策定した。そのおよそ 3 分の 1 の規模を持つ減税政策として配当所得を全額、連邦所得税の課税ベースからはずす提案が盛り込まれた。

大統領提案で主張されていた配当所得免税措置の根拠は、長らくアメリカの配当所得に対して問題視されていた二重課税問題の撤廃と、減税による景気促進効果への期待であった。この減税は 3500 万の何らかの形で配当を受け取っている世帯に対し恩恵をもたらし、また、その半分に上る高齢者世帯に対し大いに還元されると説いた。

この提案は下院における強固な共和党基盤による成立が確認される一方、上院における民主党と中道共和党勢力の反対が予想されるものとなり、両院とも大統領提案と比較して減税内容をマイルドなものに修正した（New York Times, 2003）。

法案は、上院の S.1054 と下院の H.R.2 としてそれぞれ審議が行われ、最終的に下院提案に包摂される形で H.R.2 が両院での投票に付された。下院投票は 231 対 200 の圧倒的多数での形で可決された。一方で、上院での投票は 50 対 50 の接戦となり、副大統領の議決権により可決された。両院での可決は 5 月 23 日に実施され、5 月 28 日大統領が H.R.2 にサインを行い、2003 年減税法案が立法化される運びとなった。

JAGTRRA2003 の主要な政策内容は、次の 5 つによって構成されている。すなわち、1) 2001 年の税制改革をはじめとする減税政策の実施時期の前倒し、2) 資産償却制度の強化などを盛り込んだ企業部門成長を目的とした減税政策、3) 配当及びキャピタル・ゲインに対する軽減税率の設定、4) 州政府への財源補助、5) 2003 年度の法人税に対する調整減税である。これによって生じる減収規模は 2003 年から 2013 年の 10 年間で 3200 億ドルに上り、

配当所得減税を含む3はこのうちの46％を占める1480億ドルとなっている（CBO 2003c p.2）。

　このように、2003年法のなかでも配当所得及びキャピタル・ゲインへの減税は比較的大きなものであった。この法によって決定された配当所得の減税は次の内容である。すなわち、個人所得において国内及び承認された国外企業からの配当について、キャピタル・ゲインと同税率の分離課税を実施する。適用期間は2008年（のち、2010年に延長）までとし、その税率は5％（2008年以降はゼロ税率）と15％の2段階で課税するというものであった。なお、2012年のオバマ政権下で実施された納税者救済法により、年間40万ドルを超える収入のある個人については減税適用の適格配当所得に対する税率が20％に引き上げられた。

3　アメリカの減税政策をめぐる政治的状況

3.1　政治の二極化と租税政策

　続いて、このように成立した配当所得減税がアメリカの租税政策について、政治学の知見がいかなる問題点、論点を提出していたかを整理しておこう。2001年にジョージ・W・ブッシュが大統領に就任し、議会多数党及び大統領が共和党によって一致して以来、アメリカでは連邦税制の大規模な減税が続けられることとなった。このうちブッシュ政権の第1期に行われた主要な税制改革が2001年減税と2003年減税である。その主な内容は、次のものとなる。連邦個人所得税の限界税率引き下げ、キャピタル・ゲインと株式配当所得課税の引き下げ、法人税における減価償却特別措置の拡大、相続税の段階的時限的廃止などである。

　これら一連の減税政策は、所得階層別での効果を見ると上位所得者に過大に配分されているとされる（Gale, Orszag & Shapiro 2004）。また、相続税の減税はその高い限界税率から効果がごく一部の高額資産所有者に対して恩恵をもたらすことが自明なものといえる（Bartels 2005 p.20）。

　ハッカーとピアソンらは、公平性に留意しない税制改革の潮流は、減税に対する支配的シェーマが政治的な決定過程に強く進入してきているためだと

述べている（Hacker & Pierson 2005a, 2005b, 2006）。その性格として主張されるのが、アメリカにおける政治の二極化現象と共和党内部における政治行動の変化である。

政治の二極化現象とは1970年以降、アメリカ議会内部において保守とリベラルという2つの軸において、各政党関係者の政治的傾向が極端になり始めているという説である。二極化現象を説明するいくつかの先行研究はその性格として、1）共和党は保守的、民主党はリベラルへと移行していく、2）このうち、共和党における二極化の進行度合いは民主党のものよりも強く作用している、3）政治的二極化の程度とアメリカにおける不平等度合いの高まり（ジニ係数による）に相似的関係が見て取れる、としている。また、こうした二極化現象において共和党の保守化傾向は著しく強い。

こうした二極化の進展は、1970年代から徐々に進む北部・南部の共和党政治家の著しい右傾化と、南部の中道民主党政治家が共和党に置き換わることで生じつつあるとされる（McCarty, Poole & Rosenthal 2006 p11）。こうしたなかで、共和党は再分配政策を弱め強力な経済政策として減税政策を実施しようとしていく。

3.2　政治的二極化の背景

さらに、こうした動きを強化するのが保守系政策を支持する市民団体や私的財団、シンクタンクなどである。これら保守系圧力団体は、相互の政策目的に合致するため、それぞれ相互に協力を行い共和党内部に強力な政策実施体制を構築しているとされる（Hacker & Pierson 2005b pp.9-11）。

減税圧力団体として有力なものにClub for Growth及びAmericans for Tax Reformがあるが、これら両者は下院及び上院の共和党議員に対して非税条項（anti-Tax pledge）への署名を迫り、216人の下院共和党議員と42人の上院議員が同条項に署名を行っている（Gale & Orszag 2004）。こうした圧力団体への参加は、資金的な面での強力なサポート体制を得られる強みがある。

2000年代以降の政治において、政治資金と巨額の資金を利用したテレビを中心としたマスコミ利用は当選のための最大の条件であるとされている

(ゴア 2008 pp.63, 373)。また、下院においてこうした政治資金を配分する党内資金役とともに、イデオロギーグループへの帰属、ゲリマンダーの利用などを巡ってアジェンダセッターや監督役の力が急激に増してきているとされる (Hacker & Pierson 2005a p.41)。

政治学者のハッカーやピアソン、スコチポルらは、共和党系の減税圧力団体が強力になり、政治の二極化現象を伴って意志決定過程に強く関与するなかで、民主党系の労働組合を中心とした圧力団体の力は低下しており、租税政策において中間層の発言力が低下していると主張している (Hacker & Pierson 2005a, 2005b, 2006 ; Skocpol 2006)。

スコチポルは、研究において市民団体や労働組合、非営利セクターの研究を通じてアメリカにおける政治的パスの変容を明らかにしようとしている。このなかで、もっぱらアメリカ中間層を取り込んできたブルーカラー労働組合や階級横断的教会組織は、戦後、それぞれ60%を上回り減衰している一方、上層階級専門組織では28%と相対的に低い減衰率であるとしている (Skocpol 2006 p.43)。まさに、アメリカにおいてこの四半世紀、富裕層以外の所得階層が低下させたのは相対的所得のみでなく、労働組合など地場の政治的グループを含めての衰退であったといえる (Hacker & Pierson 2005a p.41)。

結果として、アメリカの議会においても民主党は減税政策に対して積極的な代替提案を持てない事態となっている。それは、民主党が一般的福祉としての租税政策や福祉政策でなく、ジェンダーや人種、高齢化、貧困世帯など個別の要因に対応する政策を、減税政策にぶつける以外、政策論争ができず、広範な中間層を包括するシステムを提示しえない事態を指し示している。

4 2003年配当所得減税による経済的効果

4.1 配当所得減税による企業配当の変化

前節で整理したようにブッシュ (Jr) 政権期の、アメリカの租税政策をめぐる政治状況は、減税に大きく舵を切っており、前述の政治的条件のなかで強化されていった。配当所得減税の成立過程においてもそのような側面は特徴的に現れているのであるが、本節では先に配当所得減税による経済的効果

を概括しその性格について考察を加えておく。

　アメリカは、1936年以来、基本的に配当所得を課税ベースに加え総合課税する形をとってきた[4]。このため、二重課税問題は古くからアメリカの租税論における主要な論点であり続けてきた。一般的に、配当所得の二重課税が投資を阻害し、その軽減は法人投資を促進するとしているOld Viewsと、配当課税と株価間の関係から配当軽減が配当そのものを増加させることなく株価の一時的上昇という偶発ゲインに終わり、法人投資の活発化には寄与しないとするNew Viewsの2つの考え方が対比される[5]。ここでは、1) 2003年減税によって配当所得が増加したか否か、2) その所得階層別での効果はいかなる形か、3) 配当減税による株価への影響は生じたのか、について統計数値及び先行研究の知見などから明らかにしておく。

　図4-1は企業利潤における配当の対国民所得比のトレンドを長期で見たものである。これを見ると、アメリカにおける配当は1990年代までおおむね国民所得比2.5〜3％の範囲で推移してきた。90年代に近づくにつれて徐々に3％、4％へと推移し、2006年時点では5.5％に上っている。近年の20年

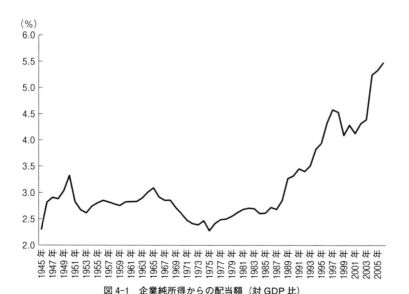

図4-1　企業純所得からの配当額（対GDP比）

出所）Department of Commerce, Bureau of Economic Analysis Web Site, より筆者作成。

の動きは、1940年代から70年代までの動きと比較しても配当の規模の増大傾向を明らかにするものといえる。ここで、さらに2003年からの動きに注意すれば、03～04年間の動きは、これらの傾向からさらに特別なものであることがわかる。03年の配当の対国民所得比は4.3%であったが、04年の対国民所得比は5.3%にまで達している。長期トレンドを見た際、対国民所得比1%の規模で配当所得が増減した03～04年間の変化は特筆すべきものといえよう。

図4-2は個人所得税の課税に関する統計表を基に作成した所得階層別での1人当たり配当額の推移である。2002年から2003年の間で、すべての所得階層で前年と比較して申請件数1件当たりの配当所得が増加していることが読み取れる。とくに、1000万ドル以上の所得階層では単年度で1.5倍程度ま

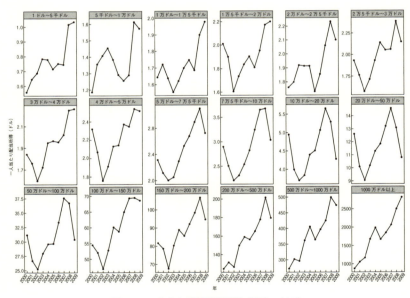

図4-2　1人当たり配当所得額（単位：ドル）

出所）Department of Treasury, Internal Revenue Service, Statistics of Income, Individual Tax（Various Years）より筆者作成。
注）2000年から2002年まではDividendsの項を、2003年から2005年まではOrdinarily Dividendの項を用いた。2003年以降は減税政策の影響により、統計上、減税政策が適用されるQualified Dividendsと統計となるOrdinarily Dividendsに分けて表記されているが、配当減税実施前と後での比較を行う点から総計を用いた。

CHAPTER 4 アメリカ法人税の「古い」アジェンダ、二重課税問題

で上昇しており、2000年から2002年までの変化と比較して突出した増加であったことが読み取れる。

その後、2003年から2004年には一時的に額は低下するものの、それ以降はほとんどの所得階層でリーマン・ショックの2008年までは継続して増加していることが読み取れる。

図4-3は各所得階層における軽減税率の適用される配当所得（Qualified Dividends）と、所得税に合算して課税される配当所得（図では減税非適用配当所得と表示）との対前年伸び率を図示したものである。ここから、2003年から2004年における1000万ドル以上の所得階層における配当所得の増加が、減税適用配当の急増によってもたらされていることが確認できる。2003年時点の配当では対前年の増加が、減税非適用配当であるかを確認することは定義上難しいが、2004年の対前年伸び率を見ると、減税非適用配当所得は

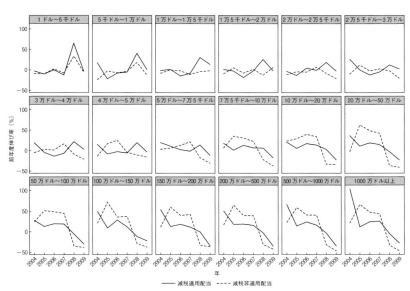

図4-3 減税適用配当と減税非適用配当の伸び率の推移

出所）Department of Treasury, Internal Revenue Service, Statistics of Income, Individual Tax, Table1.4: All Returns: Sources of Income, Adjustments, and Tax Items, Website より筆者作成。

注）減税適用配当所得は、Qualified Dividends を用いている。減税非適用配当所得は、Ordinary Dividends から Qualified Dividends を差し引いた額を用いている。

81

100%を超える伸びを見せており、倍に増えていることから、2003年の急増についても税制の影響が大きいことが読み取れる。

　各所得階層の名目総額の対前年比を、軽減税率の適用されるものと、されないものに分離して見ると、全体合計で軽減税率の適用される所得の増加率はそうでないものと比較して03年から04年間で3倍近く大きい。また、所得階層別で見ると1000万ドル以上の所得階層では減税適用の配当が104%と2倍を超える増加を見せている。

　続いて、図4-4は課税ベースの配当所得において減税適用の配当所得がどの程度の割合を持つかを表したものであるが、03年から04年を見ると全体に占める減税適用の配当所得は割合から見て平均で5％ポイント程度増加していることがわかる。こうした事実から、配当所得に対する減税が企業による配当の増加をもたらしたことが確認できる。しかし、それ以降はむしろ減税非適用配当（図4-3の破線）の伸び率のほうが、減税適用配当を上回って

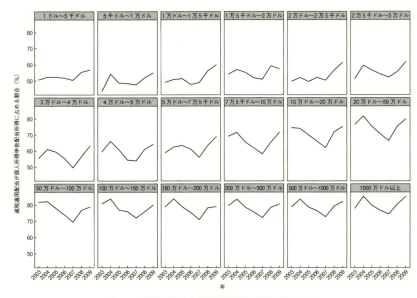

図4-4　配当所得に占める減税適用配当所得の割合

出所）Department of Treasury, Internal Revenue Service, Statistics of Income, Individual Tax, Table1.4: All Returns: Sources of Income, Adjustments, and Tax Items, Website より筆者作成。

おり、税制上のインセンティブがあるからといって、適確配当所得のみが一貫して上昇したわけではないことがうかがえる。

実際、減税非適用配当が全配当所得に占める割合の推移を見た図4-4を確認すると、2004年に一旦上昇したあと、減税適用配当所得の割合は徐々に下がっている。

減税適用される適確配当所得は、株式を一定期間保有することが求められるため、デイトレードのように短期で取引される株式の配当は適用外となっている。

一方で、リーマン・ショック後の減税適用配当所得の減少率は、非適用配当よりも緩慢なことが図4-3を見ると確認できる。

同時に、リーマン・ショック後には減税適用配当の割合も再び上昇に転じている。ショックが生じた場合、税制上のインセンティブを考慮しない株式は急速に売られる一方で、結果的に長期保有を想定される株式からの適確配当所得が増えたことがこうした現象の背景にあるものと推察される。

4.2 配当所得減税に対する評価——配当性向と所得階層別帰着について

先行研究においてもブルーアンらによれば配当所得に対する減税が決定したのち、最初の四半期において通常より7％（280億ドル）高く配当を行い、第2四半期ではさらに3％（120億ドル）の追加的配当の効果を示したとされる（Blouin, Ready & Shackelford 2004）。また、キャピタル・ゲイン課税の有利性を用いた株式の買戻しによる株主への利益配分もその額が低下したとしている。

チェティらの研究でも軽減税率の適用後、一般企業の配当が20％増加したことを実証したほか、非課税団体においては配当行動を変化させていないことを確認しており、企業が配当減税によって主に個人株主への配当増加を実施したことを実証している（Chetty & Saez 2005）。

アメリカ財務省は（U.S. Department of Treasury 2006）、四半世紀のうちに低下してきた企業の配当性向が2003年の配当減税に関する大統領提案の発表以降、40％近く上昇したと説明している。またポターバの研究を引き、S& P500の企業群において2002年と比較して2005年には純利潤に対する配

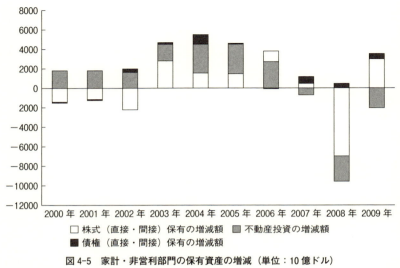

図 4-5　家計・非営利部門の保有資産の増減（単位：10億ドル）

出所）Federal Reserve System Website, "Financial Accounts of the United States: Changes in Net Worth: Households and Nonprofit Organizations, 1952-2024" より筆者作成。

当の割合が35％の上昇を示し、外国人個人投資は8.7％増加、実質経済成長を3.9％に引き上げたと結論づけている。

図4-5は、家計部門と非営利部門が保有する資産の純増減について、株式、不動産、債権の単年度増減を積み上げたものである。ここから、2003年において株式への資金流入が急増したことがうかがえる。ただし、2004年、2005年については流入額が一旦落ち着いている。図4-2及び3でも見たように、軽減税率配当の申告所得の伸びは2003年から2004年の急増からは落ち着いていることとも整合的である。

この時期に資金流入が増えている項目としては、不動産投資のほうが顕著である。たしかに、2006年には再び株式保有への流入量が不動産を上回っているが、2003年の減税政策以降、株式投資のみに投資が流入したとはいえない。

続いて、株式価格の変動がどのような影響を受けたかについて見ておこう。アムロミンらは配当所得減税のニュースによる株式価格への影響は軽微、もしくはほとんどなかったことを欧州市場における株式との比較から実証的に

明らかにした（Amromin et al. 2005）。この研究によれば、配当所得減税は投資家の株式ポートフォリオにほとんど影響を与えなかったことや、アメリカの株式価格の変動が制度変更の影響を受けるはずのない欧州市況の動きと連動していることなどから、株価変動は少なくとも世界経済の動きによっているものであり、減税による株価への影響は存在しなかったとしている。また、この研究において興味深い指摘として企業の株式を経営者が保有している割合が、配当所得の増配に対して正の影響を有意に持っているとしている。

　このような数値動向、及び先行研究の知見などから考察すると、二重課税に対する軽減措置の実施は、New Views が理論的に示す結論と異なり、株式価格について影響を与えず一時的な配当の増加をもたらすものとなっている。アムロミンやチェティらの研究でも述べられるように（Amromin et al.

表4-1　2001年から2003年までの減税におけるキャピタル・ゲイン及び配当所得課税軽課の所得階層別影響（単位ドル）

調整後総所得	納税者数構成	キャピタル・ゲイン及び配当所得課税以外の減税効果	キャピタル・ゲイン及び配当所得への減税効果	合計	キャピタル・ゲイン及び配当所得への減税効果による減税効果の増加割合	キャピタル・ゲイン及び配当所得減税による減税効果の所得階層別割合
5万ドル以下	70.6%	425	10	435	2%	5.3%
5万ドル以上10万ドル以下	20.6%	1,588	68	1,656	4%	10.4%
10万ドル以上20万ドル以下	6.8%	3,357	268	3,625	8%	13.5%
20万ドル以上50万ドル以下	1.5%	5,599	1,489	7,088	27%	16.9%
50万ドル以上100万ドル未満	0.3%	16,988	5,491	22,479	32%	11.1%
100万ドル以上1千万ドル未満	0.1%	59,216	25,450	84,666	43%	25.4%
1千万ドル以上	0.0%	521,905	497,463	1,019,369	95%	17.3%
平均		1,093	135	1,228	12%	

出所）McIntyre（2006 p.2）より抜粋。

2005：Chetty & Saez 2005)、配当所得減税施行後、顕著に配当を増加させた企業の多くは、経営陣の株式保有率が高いとされる点や、先に見た図4-3の結果などから考えて減税適用の配当額がむしろ減っていることなどを考慮すると、Old Views で仮定される株式への相対的な重課を取り払うことで企業への活発な投資が広がるとの仮説が積極的に支持されるとは言い難い。あえていえば、配当所得減税が行われたことで生じた現象は、New Views と Old Views で想定されている状況が、それぞれスポット的に生じたものとも読み取れる。

　また、2004年以後の状況を見れば、株式以上に積極的に投資を延ばしたのは不動産などの配当減税措置とは直接的に関係しない領域でも顕著である。先行研究等の内容を含めて総括すれば、2003年の配当所得減税は、企業経営層などの一部のトップエグゼクティブに不動産や新たな金融商品への投資資金を与えるものに実態としては終始したともいえるであろう。

　また、こうした減税政策は、先の政治的状況との関係から述べれば、いまひとつ重要な点として減税の効果が高額所得者に有利に作用した事実が挙げられる。表4-1は2001年と2003年のキャピタル・ゲイン及び配当所得に対する減税措置が所得階層別で見てどのように異なったかを示したものである。個人所得税における配当及びキャピタル・ゲイン課税の影響は課税ベース100万ドルから1000万ドル未満及び1000万ドル超の高所得者層に集中する結果となった。先行研究におけるこの指摘は、先の統計資料を用いた分析と整合的である。これらの所得層は所得税課税者のわずか0.2％以下であり、この層のみで2001年から2003年までの配当及びキャピタル・ゲイン課税の減税効果の42.7％を占める結果となっている。このように、2003年減税は所得配分上見て、高額所得者に有利に働き公平性の面で問題を有していたと評価できるだろう。

　これらの論点は実際に政策形成過程のなかでどのように扱われたのか、次に2003年の配当所得減税をめぐる上院での議論からこうした点を明らかにしていく。

5 JAGTRRA2003における配当所得減税をめぐる政治過程

5.1 「減税をめぐる競争」の焦点

　ここまで、アメリカの租税政策をめぐる社会及び政治の変化として「二極化現象」と「減税圧力団体」を中心に先行研究を整理し、そうした租税政策が所得階層別の影響を見るとき高額所得者に著しく集中することを、数値的動向を見ることで確認した。

　ここでは、こうした条件下で行われた減税政策及びそれをめぐる選挙について租税政策が「減税をめぐる競争」のなかで「租税政策におけるオルタナティブの喪失」と相対的な「リベラル派の不利」が生じたことを明らかにしたい。両者の関係について簡単に整理しておけば、アメリカにおける租税政策をめぐる政策論争において、増税議論は無論のこと、均衡財政主義的な議論についても著しく競争力を失っているといえる。これにより、民主党側についても共和党と政策争点において減税内容をめぐって議論を行うしかなく、かつ、それはリベラル派の政権にとって政策論争上もその帰結についても相対的に不利な条件を生み出すこととなる。

　ここでは、2003年配当所得減税について上院で行われた民主党、共和党両党の修正提案をめぐる政策論争を確認することで、先の指摘を明らかにしていきたい。

5.2 配当所得減税をめぐる上院審議過程

　JAGTRRA2003の政策内容をめぐる論戦は、上院審議で票数の拮抗などから両陣営の意図が明確に読み取れる。上院において S.1054として提出された減税法案において、配当所得の部分免税は、次の形で提案された。個人所得のうち企業などからの配当金に対して最初の500ドルを完全免税とし、これを上回る部分についてはその10%を課税ベースから不算入とするものである。また、不算入部分については2008年以降は20%に引き上げ2012年に失効期限を迎えるサンセット法として制定された。同制度は先にも触れたとおり、2012年のオバマ政権下で制定された納税者救済法において恒久法

となっている。恒久法となる過程で、最高限界税率に20％の税率が追加されている。

上院提案 S.1054 は 2003 年の 5 月 13 日に上院に提示され、14 日、15 日に審議が実施された。審議開始の 14 日に法案提出者であるグラスリー（共和党）は配当所得の部分免税の内容に触れ、これが配当所得全体の 86％に影響を与えることを述べつつ、二重課税調整を実施することにより投資の非効率性の除去、新規雇用を生み出す景気浮揚効果を持つと主張した。しかしながら、同時に配当所得や法人税に関係するループホールを塞ぐ必要性についても触れている。また、上院財政委員会の委員であるボーカス上院議員（民主党）が配当所得の部分免税内容について委員会議決時に同意しなかったことを批判した。

これに対して、民主党は S.1054 に対しての修正 560 号を要求、配当所得の二重課税問題ではなく年金所得への二重課税問題のほうがより国民に切迫した問題であることを主張した[6]。民主党のドーガン上院議員は、共和党による配当所得の部分免税に対し次のような批判を加えている。

そもそも、配当所得に対する二重課税は、実際、各種の租税回避行動などの結果、ほとんど生じていないとしている。また、今回の二重課税問題について所得の不平等という視点が抜け落ちている点を批判している。むしろ問題なのは、年金所得への課税が事実上の二重課税問題を持っていることであり、これに対し年金所得への免税措置を拡充すべきであるとの主張を行った[7]。一方で、共和党による提案に対し、児童手当税額控除の拡充など評価できる部分も多いとし、一定の理解を示している。この点は、民主党による各種の修正対案が増税でないことを強調している点などにも現れている[8]。この修正 560 号は第 147 回投票において、44 対 53（棄権 3）で否決された。

続いて、配当所得に対する部分免税を一部認めながら、児童手当て税額控除の制限撤廃を組み込んだ修正 570 号がボーカス上院議員から提案された。この案は配当所得の部分免税について 2008 年からの 20％への免税枠の引き上げを廃止、代わりに児童手当税額控除の追加 400 ドル分に対する所得制限を撤廃する提案であった。この修正案の重要な点は配当減税について、民主党が部分的にこれを容認する代案を出してきたことであった。

すなわち、配当免税を部分的ながらも認める動きを見せたこと、また、他政策との引き換えとはいえ、配当部分免税の適用開始時期を共和党提案よりも早め2003年からの適用を提示している点などである。戦略的な譲歩だとしても、総合課税の視点から後退し、部分的なものとはいえ配当所得への軽減措置を認める動きを見せることは、民主党内部でも強固に減税提案を撤廃できる条件になかったことを裏付ける[9]。しかしながら、この譲歩提案は5月15日の第151回投票において47対53で否決される運びとなった。この提案については、民主党内部からも反対票が2つ投じられている[10]。

一方で、配当所得減税をめぐる対立政党に対しての譲歩は民主党だけでなく共和党からも行われていた。修正589号は、共和党の上院議員バニングから提示された。これは、直接には配当所得の部分免税について関係した法案ではないが、共和党から民主党への譲歩ともいえる内容を含んでいる。また、議会内部での共和党議員の発言も、これが配当所得減税の譲歩としての性格を含む点を匂わせる発言を行っている。順に、その修正提案内容とこれをめぐる共和党議員の発言を見ていこう。

まず、修正589号は1993年のクリントン政権下で行われた年金所得への増税を撤廃することを目的としている。これは、先の修正560号で提案された内容と部分的に重なっており、589号では年金所得の課税所得繰り入れ割合を現行の85%から50%に引き下げる提案がなされている。

主張の主な意図として、高齢世帯の所得は年金と配当によって構成されているとし、大統領提案よりも配当所得の減税枠を削った補塡として、年金所得への減税を提案したとされる。これに対して、同じく共和党の上院議員マコーネルは同修正案を高齢世帯の租税負担を下げるものとして評価し、同様の内容を含むドーガン民主党上院議員（修正560号参照）の主張を支持している。また、同様にグラム上院議員（共和党）もドーガンの提案を支持する意味で配当所得の部分免税を前提とした年金所得の免税措置の復活を支持している。

このように、配当所得免税は大統領提案の当初の目的が高齢世帯の負担軽減という側面を含んでいたことによって、年金所得への軽減措置と組み合わされる形で一部議論された。そのなかで、両党の政策内容は非常な接近を見

89

せたと評価できる。一方で、この修正589号は5月15日の第148回投票において98対2という圧倒的な賛成で可決された。

　しかし、配当所得の減税について共和党内部からはグラスリーの提案以上に大規模なものが修正案として提出される。修正664号が共和党のニックルズによって5月15日に提出された。これは、提案された配当所得免税をより大統領提案に近い形で修正を促すものであった。内容は1年目の配当所得免税域を受け取りの50%に拡大し、2年目以降は大統領提案と同様100%の免税を実施するというものであった。

　これに対しては、民主党のボーカスから二重課税調整の域を超えており、配当所得に対して事実上1度も課税できないことに等しいと批判が起きた[11]。この修正案はこれまで共和党から出た修正案及び原案を見ても、非常に激しい性格を有するものといえる。このため、票決についても50対50と真二つに割れることとなった。興味深いのは、民主党及び共和党いずれも党の方針から外れる議員が存在したことである。修正664号に対する投票である第171回目投票では、民主党からミラーとネルソンの2名が賛成に回り、チェイフィー、マケイン、スノーの3議員が共和党から反対に回った。上院での票決が割れた場合は副大統領の投票により議決が行われるため、副大統領チェイニーによって同案は承認された。

　民主党側は修正663号を提出し同案によって引き上げられた100%免税を2年目以降65%免税に改めるべきとの提案を提出したが[12]、第172回目投票において賛成49対反対51で否決される結果となった。このあとも、メディケアや社会保障支出の増加と相殺する形で配当所得免税の規模を縮小しようとする修正案が民主党から提出されたがそのつど否決される運びとなった。

　このように、2003年配当所得減税をめぐる議論を追ってみると、そこに民主党の政策オルタナティブの喪失を読み取ることができる。民主党は、はじめこそ税の公平性の観点や財政赤字拡大への懸念などから配当所得の減税免税措置について反対を示していたが、早い段階でこれを共和党案よりも緩めた形で取り込んだ修正法案の提出を行うなど、配当所得の総合課税を早くから断念している。結果的には、明確な対立軸を設定できず、当初提案よりも規模の拡大した修正提案を可決されてしまった。

すなわち、増税議論に対し税の公平性という観点からいえば、リベラル派の主張は当初の修正案に示される配当所得軽課への反対に集約される。しかしながら、民主党は社会保障などその他の政策目標を重視する点から、早々にこの政策対立軸を放棄してしまう。これは、減税内容をめぐる修正論点において民主党が有効な代替案を提示できなかった状況を示している。

6　小括——リベラルにおける再分配の論理の再建の困難

　ここまで、資本課税や累進所得税の減税が、アメリカ国内で具体的にどのように導入されているのかを配当所得減税を中心に見てきた。アメリカの経済は高度に外部と結節しており、その消費活動や社会、政治はグローバル化の影響を日常化しているともいえる。しかしながら、経済領域の過剰拡大は政治領域及び広範な中間層によって組織されてきた社会的領域を侵食し、その操作を経済部分に移行させる現象を生じさせる。アメリカの租税政策をめぐる政治状況と、その政策過程に及ぼされている影響はまさにこの点を明らかにするものだといえる。これまでの考察から得られた知見を敷衍しつつ、経済、政治、社会の3領域の関係について租税政策を媒介に置いたとき何が見えてくるのかについて検討しておこう[13]。

　アメリカの政治領域における二極化現象と保守化は、保守系政治家への政治資金供給が強力な影響力を持っていることを指し示す。これらは直接的には下院を中心として経済政策に先鋭化した保守系政治家の数を増加させる一方、間接的には様々な政策団体からのバックアップを整えさせる[14]。

　政治領域の経済化が進むなかで、税制における再分配の議論を再度促すには、政治の経済化に対抗する力が必要となる。しかしながら、すでにその政策過程で見たように、共和党保守に対抗する民主党リベラルの対抗軸は弱く有効な政策オルタナティブを提示できない状況であった。その背景には、中間層及び社会的なつながりを形成する組織の衰退があり、民主党政策も中間層ではなく、より個別の散逸した社会問題を取り上げることで普遍的な社会サービスを形成する下地が失われていったことが挙げられるだろう[15]。

　結果的にこうした事態は、租税政策あるいは、財政政策における経済の領

域の力を強化し、再分配が留意されず所得階層別で見れば非常に不公平な租税政策の成立と支持を形成することになる。

　こうした事態に対して、民主党の政策ブレーンのひとりであるライシュは、これら経済領域の拡大を止める手立てが限られていると指摘する（ライシュ 2008）。というのも、既存の経済社会において最も力があるのは、まったく一般の消費者であり投資家の個別の選択なのだとするのである。すでに、かつてのように消費や投資を支配できるほど強力な企業はなく、経済領域が力を増すのはその背景に経済のグローバル化によって「強力」になった消費者と投資家が存在するからなのだ、と主張する。

　そこで限られる手立ては、経済領域に政治や社会を任せる、すなわち企業福祉やCSRへの期待を捨て、普遍的な医療保険制度や所得税の再興を政治領域で解決することにあると、続ける。すなわち、決定権が広がった経済の影響を、再「政治化」していく作業にあるとする。しかし、強力になった経済領域から再分配を中心とする政策への再「政治化」は簡単ではない。以降のアメリカの連邦政府における政策運営においても、引き続き強い分断が継続していることも含め、リベラルの論理から税制改革の論理を示すことは現代でも一層困難さを増しているといえよう。

CHAPTER 5

オバマ政権における包括的税制改革の潮流

法人税改革のアジェンダ変化の実態

1　オバマ政権下の財政・経済政策の展開

　本章では、アメリカ法人税の政策アジェンダが決定的に変化した2017年度改革に向けて、それ以前の2000年代の税制改革がどのような特徴を持っていたのかを確認する。特にオバマ政権における税制改革議論を整理することで、トランプ税制改革につながる2000年代の税制改革提案の特徴、共通点を把握することとしたい。

　リーマン・ショックの影響などから、共和党への批判が高まるなか、2008年の大統領選挙は2期ぶりに民主党候補バラク・オバマが当選を果たした。当選直後、オバマは「100年に1度」と評された金融危機への対応を迫られた。これに対応するため、2009年1月の就任後、早々に成立させたのがアメリカ再生・再投資法（American Recovery and Reinvestment Act of 2009）である。この法律は、減税及び租税優遇措置の設置と各種の社会的セーフティーネットの整備を行い、雇用維持と景気の下支えを目的としていた。また、2010年にはアメリカで長らく実施困難とされてきた国民皆保険への道を開いた医療保険改革法（オバマケア）を成立させた。

　金融危機の問題対応として、高リスク金融商品や金融機関の企業形態に関する規制強化を打ち出したドッド＝フランク法についても、同年2010年に成立させるなど、オバマが当初掲げた中間層の回復と行き過ぎた所得間格差を是正することが目指された（岡田 2013；岡本 2011；片桐 2015）。しかし、これらの比較的大胆な政策が成立したのは、上下両院とも民主党政権が多数派を占めており、オバマ大統領の政策立案に強い協力が得られたためでもあった（坂井 2012）。2010年夏の中間選挙で共和党が下院での多数派を取り

戻すと、こうしたオバマ政権にとって有利な条件は崩れた。その後のオバマ政権下の財政運営は、ブッシュ政権下と 2009 年の再投資法などにより膨らんだ財政赤字と累積債務に対する対応によって規定されるようになる。

　本章では、オバマ政権を中心に 2000 年代後半からいかなる税制改革案がアメリカ国内で議論されているかを明らかにする。オバマ政権における財政運営について先に挙げた金融規制や 2011 年予算管理法、2012 年納税者救済法、財政の崖問題を中心に論じた文献は多い（岡田 2013；岡本 2011；片桐 2015；坂井 2012, 2014；廣瀬 2010, 2013；岩澤 2015 など）。一方、オバマ政権における「租税政策」を中心に論じた文献は、管見の限り乏しいものとなっている。

　オバマ政権は、当初こそ、ブッシュ政権によって生じた減税及び所得間格差の拡大に対応することを掲げ、抜本的税制改革を企図していた。しかし、先に挙げた 2010 年夏の中間選挙を皮切りに下院及び上下両院の多数派を共和党が占めたことでねじれ状態に追い込まれる。その結果、大統領予算や、予算案をめぐる両党の対立は激化し、実質的増税案が盛り込まれた法案は次々と成立不能に追い込まれていく。このため、後述するが本来であれば必要とされるはずの歳入増加とエンタイトルメント支出の削減という財政再建パッケージを成立させることが極めて困難となった。先行研究において、オバマ政権下の税制改革案を描くことの難しさはまさにこの点にこそあると考えられる。しかし、オバマ政権が抜本的な税制改革を成功させられなかったことが、直接、税制改革そのものの議論がなかったことを示すわけではない。

　本章では、オバマ政権期を中心に、近年のアメリカにおける主たる包括的税制改革提案を 2013 年の下院歳入委員会において行われた包括的税制改革提案をめぐる資料をもとに明らかにしていく。2013 年 2 月 13 日に当時の下院歳入委員会委員長である共和党キャンプ議員の発議により、下院歳入委員会において抜本的税制改革を議論する 11 の部会が設置された。この部会に先立ち、キャンプ委員長の要望により、両院租税委員会により議論のたたき台となる報告書が 2013 年 5 月 13 日に提出された。この報告書には、連邦税制の現状制度に関する解説及びその問題点などが議論されており、そのなかに近年、とくに取り上げるべきとされた 12 の税制改革提案の概要がまとめ

られている。

　本章の目的は、この12の税制改革提案を手がかりに、2000年代以降の連邦税制に関する包括的改革案が備える特徴を導き出すことにある。議論を先取りすれば、ブッシュ政権を含め2000年代に入り、多くの税制改革はポスト・1986年税制改革法のビジョンを描こうとしている。それは、同税制改革以降複雑化した連邦税制に対する批判でもある。一方、2000年代後半に登場するプランの多くは、財政赤字の削減と財政再建の手段としての側面を強く持つようなる。具体的には、社会保障税や燃料税に関する増税、消費課税ベースの拡充の検討などが含まれるようになってきている。こうした問題は、アメリカが現在置かれている財政状況と無関係ではない。そのため、この点を概括するために、税制改革案の検討を始める前にオバマ政権下で繰り広げられた財政赤字の縮減とコントロールをめぐる一連の動きについてその概要をまとめておきたい。

2　オバマ政権下における財政赤字・累積債務問題

2.1　2010年までの動き

　アメリカの財政収支は、1990年代後半に90年代初頭の財政再建と好景気を背景に一時黒字を出すほどに回復した。しかし、2000年代に入り、財政支出に関する主たる規制に関する時限立法が延長されなかったことや、対テロ戦争による軍事費の膨張、相次ぐ減税などによる歳入低下によりアメリカの財政収支は急速に悪化した（図5-1参照）。

　オバマ政権は、当初こそ経済危機のなか、財政膨張を含む政策を選択したものの、年々増加する財政赤字と累積債務に関して、政権成立の早い段階から強い問題意識を有していた。また、この解決策のひとつとして増税を検討しており、ブッシュJr.政権で行われた2回の減税のうち、富裕層に対する適用を廃止することで増収と所得間格差の是正を狙っていた。選挙戦当初から、中間層の復活を訴えていたオバマとしては、これらの税制改革は優先順位の高い政策のひとつであったといえよう。しかし、まさにこのブッシュ減税の延長をめぐって共和党サイドから極めて強い反対が生じ始める。当初は、

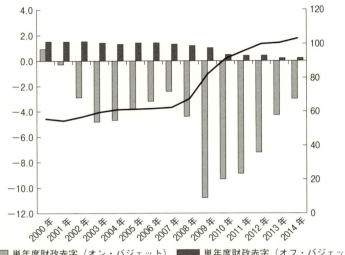

図 5-1　アメリカの財政赤字と累積債務の推移（単位：対 GDP 比％）
出所）Office of Management and Budget, Historical Tables（Web），より作成。
注）累積債務残高は右軸。

　富裕層に対するブッシュ減税の優遇措置の停止を打ち出していたオバマ政権は、経済状況の悪化などを考慮しつつ、最終的に共和党に完全に妥協した形で 2 年間のブッシュ減税の延長を認める「2010 年減税・失業保険再認可及び雇用創出法（Tax Relief, Unemployment Insurance Reauthorization, and Job Creation Act of 2010)」を成立させた[1]。

　2010 年には、財政赤字の削減と財政再建を検討するために、大統領が超党派の特別委員会を設置している。また、議会においても上院を中心に超党派で財政再建策に関する具体的検討が行われてきた。こうしたなかで、オバマ政権の妥協はこれらの問題解決を遅らせるものと認識できる。また、この妥協の実施により民主党員から、オバマ政権と共和党中心の法案審議を忌避して、政権への支持が低下している。ちなみに、2010 年に設置された超党派の活動として、大統領設置による財政責任・財政再建国民会議（National Commission on Fiscal Responsibility and Reform）と 2010 年夏の共和党チャンブリス上院議員と民主党ワーナー上院議員らによる財政再建要望書の

とりまとめが挙げられる。

このうち、大統領設置の国民会議は、当初から財政赤字についてオバマ政権が極めて重視した対応をとってきた現れといえる。ここでは、1) 2015年までに基礎的財政収支を均衡させる（赤字を対GDP比3％までに収束させる）ことと、長期的な累積債務のコントロール可能性を担保すること。2) 18名中14名の賛成を得た合意案を2010年12月1日までに議会に報告することの2点が求められた。また、後述するがこの実現のために、課税ベースの拡大や新規増税を組み込んだ税制改革案が提案されている。ただし、国民会議による提案は、2010年12月3日の決議で賛成11、反対7となり規定の賛成数を得られず議会への報告義務を果たすことができなかった（坂井 2014）。このため、国民会議の内容はその後の議論に影響を与えることはあっても、政策上はほぼ無視される結果となった（Palmer & Penner 2012）。

ただし、2010年時における財政赤字への国民的感心は決して低いもので

表5-1 今後25年間のアメリカにおける主たる懸念事項はなにか

	1位	2位	3位
2013年調査	連邦の財政赤字（13％）	経済一般（12％）	環境問題（8％）
2010年調査	連邦の財政赤字（14％）	経済一般（11％）	環境問題（11％）
2008年調査	環境問題（14％）	経済一般（12％）	エネルギー（9％）
2007年調査	環境問題（14％）	社会保障（8％）、健康保険（8％）、エネルギー（8％）	
2006年調査	社会保障（10％	エネルギー（10％）	環境問題（8％）、経済一般（8％）
2005年調査	社会保障（23％）	経済一般（9％）	環境問題（6％）、健康保険（6％）
2004年調査	経済一般（12％）	社会保障（10％）	環境問題（8％）
2003年調査	経済一般（14％）	環境問題（9％）	エネルギー（8％）
2002年調査	経済一般（12％）	環境問題（10％）	戦争（7％）、人口増（7％）
2001年調査	環境問題（11％）	社会保障（8％）	エネルギー（7％）
2000年調査	環境問題（14％）	倫理・規範意識の低下（8％）	教育（6％）、人口増（6％）、犯罪（6％）

出所）Gallup (2013) より。

はない。ギャラップ社が2013年3月に実施した調査では、アメリカにおいて今後25年間で最も重大な問題として挙げられたのが連邦政府赤字であった。また、こうした傾向は2010年を境に強く現れるようになっている。表5-1にも示されるとおり、同様の調査を行った2000年から2008年までの間に財政赤字が今後の重大問題として上位3位に登場することは一度もなかった。これは、リーマン・ショック以後のアメリカにおいて行われた財政出動があらためて人々に財政赤字の問題を認識させたことを反映しているといえる。しかし、国民の感心が大きい分野でありながら財政赤字削減のためのプランとして、増税と歳出削減を行うことは共和党民主党の両党における先鋭的な層の同意を得ることができず、議論の成熟が阻まれるままであった。

2.2　2011年以降の財政をめぐる動き

　2011年は年次当初から2012年及び2011年の暫定予算の期限をめぐって政局が混乱した。ブッシュ減税の富裕層に対する適用廃止を組み込んだ2012年予算に、下院与党共和党は強く反対した。その結果、2011年予算は妥協の末に2011年4月に、同年年末まで暫定予算期間の延長が決まった。

　さらに、暫定予算をめぐる動きよりも、両党対立を深めたのが連邦債務上限の引き上げ問題であった。8月までに同問題が解決されなければ、最悪、連邦政府が機能不全に陥ることも懸念された。

　オバマ政権は当初、富裕層向けの減税廃止と歳出削減による財政健全化策と引き換えに、債務上限引き上げを議会に求めた。しかし、下院議長の共和党ベイナーは、いかなる増税も認めず、歳出削減によって財政再建を達成すべきとする強硬な「小さな政府論」を展開した。この両者の提案は、アメリカの財政再建を検討するうえで、極めて重要な示唆を含んでいる。ダイアモンドやパーマーらが主張するところでは、アメリカの財政再建や中長期的な財政の持続可能性を維持するためには、実際にはこの両者をパッケージした改革案が必要とされるからである（Diamond & Zodrow 2014；Palmer & Penner 2012）。

　この財政改革パッケージの実態に対して、アメリカ国内の世論の構成は一見、アンビバレントな状態となっている。例えば、2011年4月29日の世論

表 5-2 財政赤字の主たる原因はなにか？（単位：%）

	支出が多すぎる	税収が充分でない	意見なし
成人	73	22	5
内共和党	91	7	2
内独立派	73	20	7
内民主党	56	38	6

出所）Gallup（2012 p.154）より作成。

表 5-3 2012 年予算で追加の歳出カットを行うべきか？（単位：%）

	行うべき	行うべきでない	意見なし
成人	45	47	8
内民主党	31	60	9
内独立派	44	48	8
内共和党	64	31	5

出所）Gallup（2012 p.132）より。

調査において、アメリカの財政赤字の問題点として、歳出が多すぎるのか、十分な税をとれていないからか、という質問に対しては、圧倒的に歳出の多さを指摘する意見が多い（表5-2参照）。この点は、オバマ政権に好意的なはずの民主党支持者でさえ、歳出の無駄に対する問題点を指摘するポイントが増税という選択肢を上回っている。その一方で、次年度の予算削減を行うべきか否か、という質問に対しては、全体の賛否は拮抗する形となっている（表5-3参照）。この2つの結果から、アメリカ国民は短期的な形で歳出削減を望まない一方、潜在的な歳出の無駄への批判的意識が保守・リベラルともに強く存在することがわかる。

　また、増税に関する意識についても興味深い結果が見られる。例えば、オバマが2012年予算で提案した年収25万ドル以上の富裕層に対して増税すべきか否かという問いに関しては、次年度の予算においてこれを実施すべきとする回答が実施すべきでないを大幅に上回っており、富裕層への増税に関する要望が見て取れる（表5-4）。しかし、再分配を強化するために富裕層への

表 5-4 2012 年度予算で年収 25 万ドル以上の所得層への課税を強化すべきか？（単位：％）

	すべき	すべきでない	意見なし
成人	59	37	4
内民主党	78	19	2
内独立派	60	37	3
内共和党	37	60	3

出所）Gallup（2012 p.132）より。

表 5-5 議会における活動についての支持率（単位：％）

	民主党	独立派	共和党
代替エネルギー法の可決	93	82	75
連邦税制のオーバーホール	74	77	77
アフガニスタンからの撤退	86	72	61
ガス・オイル探索に関するエネルギー法の延長	52	62	83
韓国との自由貿易協定	53	55	50
銃規制の強化の可決	68	47	30
不法移民の子供に対する自動的な市民権付与の拒否	36	44	51
不法移民へのアメリカの公的な地位提供	64	39	27

出所）Gallup（2012 p.44）より。

課税を強化すべきか否かという問に関しては、両者は拮抗しており、すべきでないという回答が、すべきとの回答をやや上回っている。税制に関する論点として、最後に包括的税制改革に関する国民世論の傾向を聞いた表 5-5 を見ておく。ここでは、包括的税制改革が優先改革順位のトップ 3 に入っていることがわかる。これは、回答者の政治傾向がいずれでもあっても変わらない。一方、ギャラップの分析では、実際には議会が包括的税制改革を提案しても、こうした世論を反映したように提案が通ることはなく、多くの場合、従来の租税支出の削減に対して強い反対が表明されるとし世論調査と実際の政策運営との距離を指摘している[2]。

このように、世論から、アメリカの財政赤字に対する問題意識が、極めてアンビバレントな状態となっていることがわかる。税制改革を志向したとし

ても、実際には受け入れられず、高額所得者への増税も全般的支持を獲得しておらず、直接税中心の連邦税制のなかで新規に歳入を増やす新たな政策案は必然的に限られたものとなる。さらに、政府のムダが指摘されながらも、短期的には歳出削減は不人気な政策となってしまっている。こうした、政府と国民との意識的差異により、財政再建に必要不可欠なはずの包括的税制改革や増税の立案が難しい事態に直面しており、政治的二極化によりアメリカは一種の「租税国家の危機」に瀕しているといえよう[3]。

しかし、オバマとベイナーの両者は、一時、まさにこの増税と歳出削減という２つの必要政策を含んだ妥協案を構築し、連邦債務上限引き上げの可決を実現しようとしていた。具体的には、オバマ側からの富裕者層増税とベイナー側からのエンタイトルメント支出の削減というパッケージを７月上旬にも提案するという妥協案である。こうした妥協案に対して、いずれの身内からも強い批判が表明された。共和党は若手議員を中心に増税に極めて強く反応し、あらゆる増税も認めないと強硬に反対した。民主党サイドもリベラル派を中心にエンタイトルメント支出の削減を提案したオバマ政権を強く非難した。こうして、両者の妥協提案は７月９日に決裂し、連邦財政赤字の債務上限引き上げをめぐる動きは再び難航する（坂井 2014）。

両者のにらみ合いのなかで、民主党のリード上院院内総務は、７月下旬に両者の要望のボトルネックを調整する形で新たな債務上限引き上げ合意を目指そうとした。具体的には、新たな増税とエンタイトルメントの削減という政治争点となっている政策を避けつつ、10年間で2.7兆ドルの歳出削減を実行する財政赤字削減をまとめた。この提案に、調整時に共和党から示された多段階での債務上限引き上げを組み込み、両党合意が取れない場合の自動的な一律削減（トリガー条項）を盛り込む形で法案が提出された。法案は、両党から多くの反対者が出るなかで、とくに歳出削減を中心として増税を組み込めなかった不満により民主党サイドから多くの離反者を出す結果となった。

2011年8月2日大統領が署名することで、2011年予算管理法（Budget Control Act of 2011）が成立することとなった。同法は連邦債務の上限の引き上げについて、３段階での分権的な形での引き上げ決定を組み込んでいる。また、2011年12月までに両院合同特別委員会において、新たに両党が財政

削減提案を提案できない場合は、規定に従って軍事、非軍事の裁量的経費とメディケイドの一部について法に定められた一定率での強制削減を実施することが取り決められていた。

結局、この合同委員会において新規の提案はまとまらず、これらの問題は棚上げされる格好となる。一律削減の発動となる 2013 年 1 月には、オバマは「2012 年アメリカ納税者救済法」を成立させ、富裕者層への強化を条件にブッシュ減税の一部を恒久化することで両党の妥協を計った。このなかには、第 4 章における適確配当所得に対する軽減税率の引き上げも含まれている。富裕層への増税は、当初予定されていた年収 20 万ドル以上でなく 45 万ドル以上に引き上げられた[4]。しかし、ここで延長された期限内でも一律削減を停止する法案に関する協議で両党が合意することはできなかった。

その結果、2013 年 3 月 1 日に予算管理法のトリガー条項の発動により、約 853 億ドルの一律削減が実施されることとなった。このうち、削減率は国防分野の裁量的経費で 7.8％、国防分野の義務的経費で 7.9％、非国防分野の裁量的経費で 5.0％、その他の非国防分野の義務的経費で 5.1％、メディケア予算で 2.0％となっている。連邦政府はその後も、一律削減を回避するための合意を取ることに難航し、代わりに 2013 年超党派予算法（Bipartisan Budget Act of 2013）によって、2014 年度 15 年度の強制削減額を予算管理法の規定より緩めるという弥縫策を打ち出した。結果的に、強制削減の実施と納税者救済法による増収の影響から、図 5-1 にも明らかなとおり、連邦財政赤字は縮小しつつある。しかし、社会保険を主たる内容とするオフ・バジェットでは、長らく続いてきた財政黒字が縮小しつつあり、2017 年には赤字に転落すると予測された。また、連邦財政赤字についても、これを根本的に解決する手段について合意がとれているわけではなく、一部、財政再建への道筋がついたと評価する向きもある一方で、中長期的な危機は回避されたわけではないとの認識は、連邦政府の財政予測部門の共通した見解となっていた（岩澤 2015）。

このように、オバマ政権では、当初の中間層の回復やアメリカの一体感の回復といったスローガンとは裏腹に、政治的な二極化傾向が強まった。さらに、こうした問題はアメリカにおける「租税国家の危機」の解決をより難し

くしているといえよう。

　ただし、他国が財政赤字の形で外国債を起債するのとは異なり、アメリカにおける外債の発行は基軸通貨特有のアドバンテージを有している。米ドルへの信任が担保されている状態であれば、資本流入を促進する構造を取り続け、財政赤字がファイナンス可能でありさえすれば理屈上、アメリカがデフォルトに陥ることはない。事実、1990 年代後半以降、アメリカにおける金融政策と税制は、こうした財政赤字のファイナンスと米ドルの信任の維持という形で構造づけられてきた歴史を有している（関口 2015）。

　このような構造は、アメリカにおける「租税国家の危機」の輸出ともいえる手段であり、それが可能なのも米ドルが依然、基軸通貨を維持し続けるヘゲモニーを有しているからである。そのため、アメリカの金融関係者にとって、こうした基軸通貨のヘゲモニーの維持は、アメリカ連邦政府の持続可能性と直接リンクする大きな問題となっている。2013 年にフェルドスタインがバーナンキに行ったインタビューのなかで、アメリカの財政赤字に関する感想を求めている。

　フェルドスタインは、アメリカがこうした財政赤字のなかで米ドルのヘゲモニーを維持できるかについて関心を有している。バーナンキは、社会保障支出の増加により、今後もこうした財政赤字が膨張することを懸念し、かつてブレトンウッズ体制でアメリカが陥った「トリフィンのジレンマ（流動性のジレンマ）」の時代に逆戻りしつつあるのではないかと懸念を示している。また、フェルドスタインは、中国が主たる財政赤字の購入先である事実とともに、中国が持つ貿易収支黒字が、今後も持続的に拡大することについて悲観的な見方を示しており、米国債の買い手であり続けることは難しいのではないかとしている。ボルカーは、この問題について、中国が米国債の集積をやめるとしても、世界には他に多数の国があるとしたうえで、結局、アメリカの財政赤字が解消しない限り、この種の不安の解決は難しいとしている（Feldstein 2013）。アメリカが膨張する財政赤字のなかで、現状のように、租税国家の危機のコストを他国からの資金流入でファイナンスできるかについては、多くの点で懸念を有しているといえる。

　このように、直接的なファイナンスの形で租税国家の危機が輸出される事

例と別に、アメリカの連邦政府が実施する業務負担の一部を他の政府に肩代わりさせる形で生じる事例がある。かつての財政再建においては、その負担が国内の他の政府、つまり地方政府に対して例えば無財源マンデイトといった形で転嫁されることがあった。

現在、連邦政府の業務は国際的な形での輸出を連想させる。2013年の予算管理法による一律削減により、国防分野の予算は裁量・非裁量併せて一割以上削減されている。行政管理予算局は、この削減により国家安全保障、国内投資、主要な政府機能に深刻な影響がもたらされることを懸念している。

また、ヘーゲル国防長官は、一律削減の結果、アメリカの防衛力、即応体制に不安定さが生じる懸念を表明している。連邦財政赤字の削減は、2000年代に入り膨張してきたアメリカの軍事費に大きな影響を及ぼしつつあるといえる。

こうした軍事費の削減が、アメリカの安全保障における戦略にも何らかの影響を及ぼしているとされる。福田毅はアメリカの戦略上の特殊性として、つねに2箇所以上の有事に即応できる軍備が目指されるとしつつ、一律削減法による軍事費の削減がこうした体制に懸念を生じさせるとしている（福田2013）。また、アメリカが軍事的に重視する地域を欧州からアジア、特に東アジアへと移すなかで、こうした有事即応体制のコストを同盟国・連携国との軍事同盟関係強化により乗り切ろうとしていると指摘している。こうした点を考慮すると、アメリカは軍事費の削減という租税国家の危機により生じるコストを、安全保障同盟の強化として、他国に輸出する形をとっているとも見て取れる。ちなみに、アメリカが東アジアで軍事的な対応を迫られるのは、北朝鮮が引き起こす可能性のある軍事的衝突と中国の東アジア地域におけるヘゲモニーの構築に対するカウンターパートである[5]。

国内の財政再建と、包括的な税制改革の成立が難しいなか、アメリカにおける租税国家の危機の解消手段としては、このように金融・事務負担を何らかの形で輸出することがもとめられる。一方、こうした構造が持続可能か否かについては、近年の論者の多くが否定的な見解を示している。上記の危機を乗り越えるには、アメリカ国内で達成可能な税制改革の実施が必要とされるわけではあるが、はたしてそれはいかなるビジョンを持つものとなるのか。

続く節において、この問題を2013年に下院歳入委員会が行った税制改革の議論において参考とされた近年の12の包括的税制改革提案のうち、3つの超党派提案の概要とその比較を通じて検討していく。

3　下院歳入委員会における包括的税制改革協議

2013年2月13日に下院歳入委員会の委員長を務める共和党キャンプ下院議員と民主党レビン下院議員の発議により、下院歳入委員会に税制改革を討議する11のワーキンググループが設けられることとなった。この議論の材料として準備されたのが、両院租税委員会がまとめた「租税改革委員会のための現行法と論点に関する整理報告書（Report to the House Committee on Ways and Means on Present Law and Suggestions for Reform Submitted to the Tax Reform Working Groups）」である。同報告書には、現行の連邦税制の概要やそれにまつわる議論などが整理されているほか、近年の主たる税制改革提案がピックアップされている。

これらの提案は、議会、議員組織、議員・民間共同組織、シンクタンクなど多岐にわたる組織のものが集められており、近年のアメリカにおける包括的税制改革提案の姿を知るためのアウトラインといえる。ここでは、3つの超党派提案のそれぞれについて、報告書における内容をもとに、その概要をまとめるとともに、3者の共通点から近年のアメリカにおける税制改革議論の特徴を析出していく。超党派議論に注目するのは、これらが政治的党派対立を乗り越えながら、現実に成立可能なプランについて議論を行っていると考えられるためであり、その点で3者はリベラルと保守それぞれの税制改革の特徴を妥協的に取り入れていると考えられるからである。

12の提案のそれぞれの概要をまとめたものが、表5-6（本章末）であるが、3提案の内容と比較検討を始める前に、それ以外の税制改革のいくつかについても言及しておく。例えば、比較対象とする超党派提案以外にも、2005年のブッシュ政権で実施されたThe President's Advisory Panel on Federal Tax Reformも超党派議論ではあるが、ここではオバマ政権期を検討材料としているため、取り上げなかった。この法案に関しては、すでに、塚谷文武

や吉田健三によって、その内容と背景にあるアメリカの経済政策思想に関する分析が加えられている（塚谷 2009；吉田 2009）。特に、吉田は、ブッシュ政権期の包括的税制改革提案を、アメリカにおける福祉国家思想の展開として保守層における「オーナーシップ社会」論として読み解いている。

　党派性について多少はっきりしているものとして、3つのリベラル系シンクタンクにおける提案は、それぞれ所得税改革の方向性や課税ベースの整理や控除の拡充などの点で、異なりを見せるが共通点もある。とくに、新設の税制として、炭素税についての言及を行うものが多く（Center for American Progress や Roosevelt Institute など）税制のグリーン化に関する議論を見て取れる。また、金融取引や金融機関などへの課税強化を打ち出しており、資本取引への抑制を税制により実施しようとする姿勢についても共通したものとなっている。

　一方、保守系のシンクタンクなどの提案は、いずれも所得税でなく消費課税ベースを念頭に置いて、その点で他の税制改革と大きく異なる点が多い。ただ、保守系提案の共通点として、歳入拡大への抑制策として、税収を一定の対 GDP 比の範囲に収めようとする提案が見て取れる。この水準は、ヘリテージ財団では 18.5％、American Enterprise Institute では 19.9％となっている。共和党下院議員のウッドールの提案は連邦小売売上税による単税論であるが、これは 14.91％を一般歳出用の財源として固定するとしているため、やはり歳出に対して歳入面から一定のキャップが掛けられていると見ることができる。こうした、歳入を通じての歳出キャップ論は超党派議論でも見て取ることができるが、その理由についてはこのあと、超党派提案比較のなかで簡単に述べることとしたい。

　以下に見ていく超党派提案の幾つかには、これらリベラル、保守の性格を組み合わせたものと解することができるものもあるが、それぞれがどのように両者の性格を取り入れ、あるいはそれ以外の共通点をどのように読み取ることができるのかを続く項において検討していこう。

3.1 財政責任・財政再建国民会議（National Commission on Fiscal Responsibility and Reform）による 2010 年提案

　先述したとおり、オバマ政権では 2010 年に 2015 年までの基礎的財政収支の均衡化と、長期財政計画の改善を課題とした財政責任・財政再建国民会議を立ち上げている。この会議は、クリントン政権期のホワイトハウスチーフスタッフのボウルズとワイオミング州選出の元共和党下院議員シンプソンの両名が議長を務め、シンプソン＝ボウルズ委員会とも呼ばれている。この委員会提案は、歳出削減についても触れているが、税制改革としては所得税の税率の引き下げと課税ベースの拡大、個人所得税の簡素化、租税支出の削減による赤字削減といった特徴を有している。直接税としては、法人税、社会保障税についても改革提案を盛り込んでおり、他の特徴として歳入に対GDP 比で 21％という上限を提案している。

　個人所得税では、所得控除のうち、基礎控除の水準は 2010 年現行法水準を維持することが提案され、勤労所得税額控除と児童税額控除の水準は、ブッシュ政権下の減税により引き上げられた水準を維持するとした。

　一方、項目別控除については、住宅ローン控除と寄付金控除以外を全廃することが提案されている。また、州地方債利子の非課税措置についても 2012 年末以降に発行された債権の利子については課税することが提案されている。

　雇用主提供の健康保険の非課税措置についても、上限を設けることが提案されている。この提案では、2014 年から 2018 年の間は、現在認められる非課税措置を 75％にし、2019 年から上限を徐々に低下させ、2038 年に完全に廃止する提案が盛り込まれた。

　所得税の名目税率は 3 段階の累進所得税を採用し、最高限界税率は提案当初の現行法から 10％近く引き下げるとされた。一方、配当キャピタルゲインに関する税率は、通常所得として所得税を課すことで軽減税率を実施したブッシュ減税を事実上廃止することが目指されている。

　そのほか、退職貯蓄勘定に関連する複数の非課税貯蓄制度を一本化するとともに、その上限を年間 2 万ドルか年収の 20％までに制限することが提案された。代替ミニマム課税に関しては全廃が提案されている。

　法人税については、軽減税率等をすべて廃止し、名目税率を 28％まで引き

下げることが提案されている。また、S法人といったパススルー団体については、個人所得税に統合するとされている。法人・個人事業における課税ベースについても、特別措置を大幅に整理するとされ、そのうち、調整加速度償却制度、棚卸資産に関する後入先出法、国内生産物に対する特別控除、低所得向け住宅税額控除の4つはその停止による影響額が大きいものとして挙げられている。そのほか、国際課税制度については、現行制度を維持することがうたわれており特段の改革は提案されていない。

　社会保障税については、控除の整理は提案されていないが、所得上限を引き上げることで課税対象を広げることが検討されている。この改革提案では、2050年に社会保障税の所得把握率を90％にするとされている。そのほか、社会保障税財源の拡充と支出削減につながる提案が含まれている。

　このほかの増税策として、2013年から15年の間にガソリン1ガロン当たり15セントの増税が計画されていた。そのほかの税目に関する大幅な変更はないとされる。

　財政責任・財政再建国民会議提案は租税支出の整理統合等を基軸に、課税ベースの拡大を行い税率引き下げを組み合わせる、ポスト1986年税制改革といえる。一方、社会保障税についての課税ベースの拡大、燃料税の増税など新規歳入増加を目的とする項目が加わっている。

3.2　両党政策センター債務削減タスクフォースの提案（A Proposal of the Debt Reduction Task Force of the Bipartisan Policy Center）

　両税政策センター債務削減タスクフォースによる財政再建プランは、共和党上院議員のドメニチとリブリン博士らによりまとめられたものである。2010年11月に提出され、2012年に更新版のバージョン2.0が公表されている。その骨子は、2022年までに歳出を対GDP比22.1％までに削減し、歳入規模を20.7％まで上昇させることである。この改革により、財政赤字比率を対GDP比1.4％までに削減し、累積債務比率を69％まで減少させることが目指されている。

　こうしたゴールを達成するために、裁量的経費と軍事費の削減に加えて、各種の控除の整理と税率引き下げを組み合わせた歳入増加策が提案されて

いる。

　個人所得税については、税率構造を大胆に変更し、0〜10万2000ドルまでを15%、10万2000ドル以上の所得に対しては28%と1万5300ドルの追加納税負担が課されるという2つのブラケットのみで税制が運用される。また、課税開始が0から開始となるのは、同提案が基礎控除等の人的控除を廃止することを含んでいるためである。このため、中間層までの多くの層が単一の比例税率を納めることになるため、税制による所得の再分配効果は弱められることが予測される。このほか、オルタナティブミニマム課税については廃止が提案されている。

　税率構造においては再分配効果が弱まる危険性があるが、その他の提案においては再分配の調整が主に税額控除を中心に検討されている。とくに、勤労所得税額控除は最初の2万ドルまで17.5%の還付可能な税額控除を実施し、児童1人当たり1600ドルの児童扶養税額控除を還付可能な形で実施するとしている。つまり、年収2万ドル以下に関しては無税かつ現金給付が実施される構造となっており、これにより人的控除を代替する方法が取られているといえる。

　この点から、この提案は、近年議論される所得再分配の強化策としての所得控除から税額控除への方針転換を人的控除に対しても適用するものといえる。ただし、調整後所得の5%を超える項目別控除や医療費控除などの所得控除は維持するとされる。また、住宅モーゲージ・ローン控除や寄付金控除については、年間2万5000ドルに上限を引き上げ、それぞれ20%の還付可能な税額控除へと改めるとしている。ただし、これらの控除も5年かけてその率を15%まで引き下げるとしており、控除整理の俎上に載せられてはいる。

　また、この提案ではキャピタル・ゲインや配当所得といった金融所得について、現在の分離軽減税率を廃止し、通常の所得税率を課す制度に改めることが提案されている。現在のアメリカにおける租税支出の最大項目である同制度を、限界税率を引き下げた状態とはいえ通常所得に算入するという提案には所得再分配の観点から大きな意味があるといえる。

　ただし、15%という最初のブラケットでほとんどのアッパーミドルクラス

までを包摂すると考えられる同租税構造の状態では、そうした層の金融所得に対する負担はほとんど変わらないと考えると、実質的な負担増を受けるのは、総合所得10万ドル以上のアッパークラスの一部に限られる。しかし、アメリカの所得間格差の大きさを考えると、こうした層の増税を盛り込んだ同提案のスタンスは、アメリカ経済を支える金融部門に対するネガティブなインパクトをできるだけ排除しつつ、いわゆる「上位1％」層への負担増を求める提案と読むことができるだろう。

このほか、税制優遇付きの貯蓄勘定に関する改革案として、老齢貯蓄に関する適用上限を所得の20％あるいは2万ドルまでの選択制で、15％の税額控除方式で実施するとしている。また、28％のブラケットの場合には所得控除を選択可能とする提案がなされている。このように、15％という非課税域を設定し、単純化された租税構造を下に、課税の簡素化を極力図ろうとしている提案であることがわかる。また、年金については、同じく年金所得に対して15％の税額控除を実施することが提案されている。

法人税については、名目税率を35％から28％に引き下げるとともに、複数の控除を廃止し課税ベースの拡大を図るとしている。また、社会保障税については38年間をかけて、徐々に所得捕捉率を全所得の90％にまで引き上げることが想定されている。これは、社会保障税のキャップ上限を、現行の水準からおおよそ1.7倍程度にまで引き上げることであり、長期間かけてこの負担増を実施することが提案されている。

そのほか、同提案の特徴として、消費課税における燃料税1ガロンあたり15セントの増税と、タバコ・酒税の増税、砂糖飲料税の創設などが提案されている。さらに、消費課税では大きな提案が組み込まれている。それが、National Debt Reduction Sales Taxであり、6.5％の連邦政府による売上税の新設である。これにより、所得税負担を引き下げ、同時に財政再建に必要な財源を確保しようとするプランが提示されている。タスクフォースの提案では、この連邦高売り売上税により年間約5000億ドルの追加税収を得られると計算しており、提案における最大の歳入増項目である租税支出の削減につぐ規模を誇っている。

以上の点から、同提案の特徴は租税構造の大胆な簡素化と、租税支出の整

理、それも所得控除から税額控除への見直しを中心としたものといえる。また、新規財源として連邦レベルの売上税の導入が議論されており、所得ベース中心の連邦税制のタックスミックス化を進める提案であるといえる。

3.3　2011年超党派による公平・簡素税制改正案（Bipartisan Tax Fairness And Simplification Act of 2011）

2011年4月5日に上院のワイデン（民主党）、コーツ（共和党）、ベギッチ（民主党）の3議員により共同提案された税制改革提案は、所得税と法人税の租税構造、税率、課税ベースへの不算入対象項目、所得控除、税額控除の大規模な整理を中心とするものである。基本的な方針は、税率の引き下げと課税ベースの拡大となっている。

個人所得税の構造として、税率を15、25、35%の3つのブラケットとした累進所得税を提案するとともに、課税ベースの対象額は婚姻世帯に対して単身世帯の2倍を適用することで婚姻によるペナルティの解消を目指したものとなっている。基礎控除の大幅な引き上げ、勤労所得税額控除と扶養控除、児童税額控除を2017年まで継続的に引き上げていくことで所得再分配の強化が打ち出されている。

また、課税ベースの拡大のため複数ある高等教育関係の税制優遇措置を一本にまとめることが提案されている。その他、項目別控除の大幅な削減、複数のカフェテリアプランの整理を行うとしている。

キャピタル・ゲイン及び配当所得に対する課税制度では、基本的に通常の所得税率を適用するとしている。ただし、両所得に対して35%の一律所得控除を実施するため、実際の各税率は9.75～22.75%までに落ちることになる。利子所得に対しては、一律控除が実施されない。

税制優遇措置付きの貯蓄勘定については、年金積立て基金への拠出金に対する非課税措置を廃止し、ロスIRAへと変更することで給付時の課税を実施しない方式に改めることが提案されている。また、新たな優遇措置付き貯蓄勘定としてアメリカンドリーム貯蓄会計が提案されており、年間2000ドルを上限にあらゆる使途に利用できる免税貯蓄会計が提案されている。このほか、オルタナティブミニマム課税については廃止が提案されている。

法人税は、名目税率を24％に引き下げることが提案されている。減価償却制度については、年間売上が100万ドル以下の企業に対しては、投資と在庫の即時消費を認めるものとしている。また、企業の利子控除に対する物価調整を実施することが提案されている。この場合のインデックスはCPIでなくChained CPIを用いるとされており、その狙いとして税務行政上の透明性の向上があるとされる。

　このほか、社会保障税ではメディケア税を州地方公務員にも課すことが提案されている。相続税、贈与税、消費税に関しては特別な提案は含まれていない。

4　小括——2000年代の歳出改革と増税提案の調整の困難とその帰結

　以上、アメリカの財政状況を念頭に置きつつ、これら超党派で作成された3つの提案の特徴を検討していこう。すでに述べたように、財政赤字の膨張及び、今後の社会保障支出の増大への懸念から、アメリカにおける財政再建策として、歳出膨張の抑制と歳入増加を可能とする税制改革案が必要とされている。しかし、包括的な税制改革提案を成立させることが政治的に困難ななか、実際に取られたのは2012年の納税者救済法による一部の高額所得者に対するブッシュ減税の撤廃という限定的な増税であった。

　超党派における提案について見ていくと、共通する点は、こうしたアメリカの財政赤字や累積債務をどのようにコントロールするかという点である。このため、歳出に対する抑制と増収策が組み合わされているが、責任国民会議とタスクフォースの提案では、歳入規模をおおよそ対GDP比20％程度としている。

　こうした歳入抑制を前提とした提案は、このほか保守系の団体個人から提案された税制改革でも共通して見られる特徴である。アメリカでは、新規財源の設定が財政の膨張を招く「money machine」であるとの批判が保守層から一定程度存在する（吉弘 2013）。超党派提案が、これらの部分に配慮し、財政再建のための増税が無批判に財政膨張を招くものではないとの姿勢を示

したものといえる。

　ただ、同様の保守層の提案が、歳入の抑制と税率決定を組み合わせている点を考えると、超党派の提案では任意の名目税率が設定されており、税制のなかでどのように歳入の抑制を達成するかは定かではない。ただ、2010年から14年までで、連邦税収の規模は徐々に増加しているといえるが、対GDP比15から17％水準であり、なお、3％規模の増加が必要とされることがわかる。このため、財政再建という政策目標の達成のためには、なおしばらくは純粋増税が求められ、抑制の段階はこれらの政策目標達成後であると考えるのであれば、必ずしも矛盾した提案とはいえないであろう。

　その増収策として、具体的に示されるものは、いずれも名目税率の増税ではなく、課税ベースの拡大と税率の引き下げを組み合わせた提案となっている。この点から、両党提案がいずれも方向性としては86年税制改革を念頭に置いているのは、以降30年間のなかで超党派での包括的な税制改革の成功例が、まさにそれのみであるということと無関係ではないといえる。同時に、30年前に課税ベースの拡大に成功しながらも、整理した租税支出の規模や数はそれ以降もつねに増加傾向にあったこともこうした改革の方向性を導き出しているといえる。

　アメリカの租税立法構造や、議会におけるコントロールにおいて、租税支出を膨張させやすい傾向があることは、クレインバードなどが指摘する点でもある（Kleinbard 2010a, 2010b）。超党派提案は、成立可能な税制改革を描くのと同時に、30年間かけて膨張したこれらの租税支出を整理し、増収策の実効性を高めることが企図されているといえる。一方、名目税率については所得税を中心に引き下げる一方、社会保障税における課税所得上限（2015年現在で11万8500ドル）を引き上げ、所得捕捉率を90％程度にまで高めることを検討している。

　再分配の強化については、いずれの提案も勤労所得税額控除に類似した還付可能な税額控除を中心とした提案が取られており、所得控除よりも税額控除による改革を目指しているのも近年の検討における実効的な所得再分配のあり方を目指したものといえる。

　その点からいえば、これらの提案はいずれも超党派で議論されたものとい

う側面を持つことで、現実的に成立可能なものを計画しているといえる。そのため、かつて超党派で成立が可能であった1986年税制改革に近傍し、その後に拡充された還付可能な税額控除を再分配の核と据えるような提案となっている。

最後に、包括的な税制改革を必要とするなかで、歳入増を目指して議論されたこれら各種超党派の改革案に共通する部分として、近年のアメリカ租税政策の議論の特徴を明らかにして本章を閉じよう。

第1に、いずれの提案も根本的視点として30年近く以前の1986年税制改革法を改革の導きの糸としていることが挙げられる。結局、これは包括的所得税を基礎に据えた改革こそがアメリカの政治状況のなかで議論のある程度の共通項となっていることを示している。それは、超党派3提案ともブッシュ政権が実施したキャピタル・ゲインや配当所得への軽減税率を廃し、姿は違うが通常の累進所得税率を適用しようとしたことからも明らかである。

第2に、租税支出の膨張を止めることが、振り返れば極めて困難であったことを示している。トダーの研究が示すように、1986年改革により大幅に整理された租税支出は90年代に社会保障目的として拡充されてきた（Toder 1999）。さらに、2000年代には最大項目として金融所得の軽課措置が加わり、金融の促進や貯蓄奨励などが大きな位置を占めるようになってきている（吉弘 2009；谷・吉弘 2011）。

3提案のいずれも、86年以降膨張した租税支出の大幅な整理により課税ベースを拡大し、税率の引き下げを図ることで、90年代、00年代に複雑化した税制のリストラクチャリングを目指しているといえる。しかし、それは先にも述べたようにアメリカにおける租税政策上、租税支出が膨張することを抑制することが極めて難しかったという事実の合わせ鏡でもあるといえる。

第3に、前段の分析でも述べたようにこうした超党派で議論した政策が、結局、それぞれの政治傾向の二極化の影響から成立させることが難しいという事実である。上記の超党派3提案よりも大幅な変更を含まない、オバマ政権などから提出されるブッシュ減税の停止すら合意が取れないなか、包括的税制改革は中期的に必要とされながら、その成立が極めて困難なままいわば放置されている。それは、表5-5で示したようなアメリカ国民の認識とも無

関係でない。公平、中立、簡素な税制のオーバーホールは、つねに理想論としては必要とされながら、その実、成立させるためには複数の租税支出に係る利害対立の巣を乗り越える必要がある。

　以上のようなジレンマを乗り越えつつ、第 1 の特徴で見たような包括的所得税を中心に据えた改革が進む目は、さらに現実の改革を見ると難しい。しかし、2012 年納税者救済法ではブッシュ減税の一部が恒久化法となってしまったが、キャピタル・ゲインに対する軽減税率の比率を 15％から 20％へと引き上げ、配当所得については当初の所得税率を適用する形でブッシュ減税により侵食されていた包括的所得税の課税ベースの回復が行われている。

　オバマが当初掲げた大胆な形での再分配強化の税制という姿ではないが、オバマ政権下での包括的税制改革議論の実態は 86 年改革を下敷きとした所得税の回復が基調となってきた。同時に、納税者救済法などに結実した実際の改革についても、政治的に難しいなかで部分的にでもこれらを達成させてきたことはオバマ政権下における租税政策の部分的な成功と見ることができるだろう。

表 5-6　両院租税委員会（Joint Committee on Taxation）の

税制改革名	National Commission on Fiscal Responsibility and Reform 2010 Proposal	The Presidents Advisory Panel on Federal Tax Reform (2005)	The Presidents Advisory Panel on Federal Tax Reform (2005)
提案団体・個人	財政責任・財政再建国民会議	税制改革検討パネル	税制改革検討パネル
提案団体・個人の詳細	オバマ政権設置の超党派会議	ブッシュ政権下で設置された超党派会議	ブッシュ政権下で設置された超党派会議
所得税			
ブラケット（税率と所得区分）	17500－59300＄：12% 59301－218450＄：22% 218451＄以上：28%	－78000＄：15% 78001－150000＄：25% 150001－200000＄：30% 200001＄以上：33%	－80000＄：15% 80001－140000＄：25% 140001＄－：30%
主な所得控除改革の内容	・項目別控除の廃止（住宅ローン、寄付金控除を除く） ・健康保険非課税措置に上限設定、段階的に廃止	・住宅モーゲージ控除を税額控除に移行 ・項目別控除の寄付金控除を税額控除に移行	―
主な税額控除改革の内容	・勤労所得税額控除と児童税額控除の水準をブッシュ減税の水準で維持	・家族、勤労、扶養関連の税額控除を家族税額控除と就労税額控除の2つに統合	―
資産性所得	・配当所得、キャピタルゲインを通常の課税ベースで合算課税	・配当を所得から控除 ・キャピタルゲインは分離軽減税率	・配当、キャピタルゲイン、利子所得は源泉分離一律15%課税
非課税貯蓄	・退職貯蓄勘定関連の複数の優遇貯蓄勘定を一本化	・年金、教育、家族、低所得者向けの非課税貯蓄口座を提案	―
法人税			
税率	28%	31.5% ※年売上100万ドル以下の企業は個人所得税を適用	30%
課税ベースに対する改革	・調整加速度償却制度、棚卸資産に関する後入先出法、国内生産物に対する特別控除、低所得向け住宅税額控除等を廃止	・小規模事業者については即時償却を導入 ・減価償却制度は4つの償却率に簡素化	・キャッシュフロー課税を適用 ・投資の即時償却を適用 ・利子払いは非控除、利子収入は非課税
社会保障税			
改革案の概要	・所得上限の段階的引き上げ（2050年までに捕捉率90%まで）	―	―
遺産贈与税・取得税			
改革案の概要	―	―	―
消費税			
改革案の概要	・ガソリン税の増税 ・雇用主提供健康保険の高額医療費に対する税率の引き下げ		
その他	・税収による歳入を対GDP比21%に維持	―	―

出所）Joint Committee on Taxation（2013）p.445-489 より作成。

CHAPTER 5　オバマ政権における包括的税制改革の潮流

整理に基づく包括的税制改革案の概要比較

A proosal of Debt Reduction Task Force of Bipartisan Policy Center (2010 and 2012)	The President's Economic Recovery Advisory Board (2010)
Bipartisan Policy Center	大統領経済回復諮問会議
超党派シンクタンク	オバマ政権下での民間諮問会議
－102000 $ ：15％ 102001 $ －：28％（プラス 15300 $）	－
・災害被害免税、調整粗所得の5％を超過する種々の目的所得控除、同じく調整粗所得10％を超える医療費支出を除く所得控除は全て廃止	・扶養控除、基礎控除、児童税額控除を全納税者が利用可能な家族控除に一本化するなどの簡素化の検討
・寄付金と居住用住宅モーゲージ利支払いに関する税額控除は20％までを還付可能な形とする ・勤労所得税額控除は最初の2万ドルまでは17.5％の還付可能な税額控除を適用、児童控除は児童一人当たり1600ドルの還付可能な税額控除を適用	・勤労所得税額控除や児童扶養税額控除など還付可能な税額控除の「就労控除」への一本化など簡素化の検討
・キャピタルゲインと配当所得は通常の所得税率をかける。ただし、最初の1000ドル（単身及び世帯主については500ドル）は非課税	・小規模ビジネスにおける金融性所得に対する優遇措置の検討 ・それ以外の資産性所得に対する課税ベースへの参入の影響の分析
－	・複数ある退職貯蓄勘定などの一本化の検討
28％	・名目税率の引き下げの影響を検討
・ほとんどの控除を整理 ・加速度償却制度は維持	・純利子支払の控除許可を制限 ・企業、非企業形態について課税上近い取り扱い ・企業その他向け租税支出の削減及び減額などの検討
・所得上限を全所得の90％を網羅するまで段階的に引き上げ	・職業別特例措置の廃止の影響等を検討
・2009年時点の制度を維持	－
・燃料税の増税（1ガロン当たり15セント増税） ・アルコール、たばこ税の増税 ・砂糖税の新設	
－	・具体的提案でなく、各種プランの影響に関する検討

117

税制改革名	A Proposal of the Economici Policy Institute (2011)	A Proposal of the Center for American Progress (2011)
提案団体・個人	Economic Policy Institute	Center for American Progress
提案団体・個人の詳細	リベラル系シンクタンク	リベラル系シンクタンク
所得税		
ブラケット（税率と所得区分）	0～8750＄：10％　8751～35500＄：15％ 35501～86000：25％　86001～179400：28％ 179401～199350：33％　199351～390050：36％ 390051～500000：39.6％ 500001～：39.6％＋5.4％追加税	0～1万＄未満：15％ 1万～1万5000＄：25％ 1万5000～4万＄：30％ 4万＄以上～：39.60％ ・富裕層への追加課税の提案
主な所得控除改革の内容	・項目別控除の整理廃止の提案 ・寄付金控除と住宅ローン控除の税額控除化の提案	・基礎控除の税額控除化 ・寄付金、住宅ローン控除等の項目別控除の税額控除化
主な税額控除改革の内容	・児童税額控除を所得に関係なく実施することの提案 ・勤労所得税額控除の拡充	・所得控除を含める各種優遇措置の税額控除化の提案 ・勤労所得税額控除の拡充
資産性所得	・配当所得及びキャピタルゲインについて通常所得に合算することを提案	・キャピタルゲインについては、通常所得課税の対象とし、最高限界税率を28％とする ・配当所得は通常所得課税に含める
非課税貯蓄	—	・退職貯蓄勘定に対して33％の還付可能な税額控除の創設
法人税		
税率		
課税ベースに対する改革	・金融企業への法人の負債に関する利支払いの所得控除を、25％の支払い後税額控除に切り替える形で制限することを提案 ・外国子会社所得への課税繰り延べを廃止することが提案	・石油業界を含め、各種の産業界における特例措置の廃止
社会保障税		
改革案の概要	・雇用主の上限の撤廃 ・労働者の所得捕捉率を90％に引き上げることを提案	・雇用主上限の撤廃などが提案
遺産贈与税・取得税		
改革案の概要	・200万ドルまでを非課税にし、1000万ドル未満を45％、1000万ドル以上を50％、50000万ドル以上を55％	・2009年水準の制度を適用
消費税		
改革案の概要	・燃料税を1ガロン当たり25セント引き上げることを提案 ・一部の石油採掘特例措置の廃止による部分的炭素税の提案	・たばこ税、アルコール課税の増税 ・インターネットギャンブル課税の創設 ・スーパーファンド法信託基金課税の再建
その他	・金融機関への特別課税の提案	・500億ドル以上の資産を持つ金融会社へ、金融危機防止を目的として資産の0.15％を徴収する課徴金導入を提案 ・金融資産の取引に対して、0.002から0.117程度の％での課税を実施 ・温暖化ガス排出抑制を目的に、輸入オイルに対して1ガロン5ドルの課徴金導入を提案

CHAPTER 5　オバマ政権における包括的税制改革の潮流

The Budget for a Millennial America prepared by the Roosevelt Institute Campus Network	Bipartisan Tax Fairness And Simplification Act of 2011, Introduced By Senate Wyden, Coats, and Begich
Roosevelt Institute	上院議員
リベラル系シンクタンク	超党派上院議員
0 〜 39536.75 $ ： 9.45% 39536.76 〜 65894.60 $ ： 15.75% 65894.61 〜 84010.15 $ ： 26.25% 84010.46 〜 208668.94 $ ： AMT 閾値 709679.84 $ 〜 ： 36.75%	〜 75000 $ ： 15% 75001 〜 140000 $ ： 25% 140001 $ 〜 ： 35%
・住宅ローン控除の適用条件を所得 100 万ドルから 50 万ドルに引き下げ ・雇用主提供健康保険の不算入措置の廃止	・基礎控除の増額 ・項目別控除の整理など
・年収 5 万ドル以下の層に児童扶養税額控除の増額	・勤労所得税額控除の拡充 ・児童扶養税額控除の拡充 ・高等教育向け優遇措置の一本化
―	・配当、キャピタルゲインは 35% の基礎控除適用後、通常所得の税率を適用
―	・IRA をロス方式で実施 ・アメリカンドリーム非課税貯蓄の設立
32%	24%
―	・年間の粗受け取りが 100 万ドル以下の企業に対して、投資と在庫の即時償却を認める ・小規模事業者以外の代替的償却期間を超過した場合の資産の償却を廃止 ・企業の利子控除に対する物価調整の実施 ・企業向けオルタナティブミニマム課税の廃止
・所得上限を引き上げる、所得捕捉率を 90% としていく	・メディケア税を州地方政府の公務員に課すことを許可
―	―
・燃料税の廃止	―
・二酸化炭素 1 トン当たり 23 ドルの炭素税の創設 ・2000 億ドル以上の資産を保有する金融機関の業務に対する 25% の課税 ・金融取引税の新設	―

119

税制改革名	Tax Reduction and Reform Act of 2007, Introduced by Representative Rangel	A Proposal fo the Heritage Foundation (2013)
提案団体・個人	Charles Rangel	ヘリテージ財団
提案団体・個人の詳細	下院民主党議員	保守系シンクタンク
所得税		※フラットタックス提案
ブラケット（税率と所得区分）	・AMTの代替策として、一定以上の所得に対する追加課税を提案 ・200000＄以上の所得のある婚姻世帯に4％、500000＄以上については4.6％の追加税率	・歳入を対GDP比18.5％に固定するための任意の税率を選択
主な所得控除改革の内容	・基礎控除を425＄〜850＄積み増し ・項目別控除は維持、調整後粗所得の一定比率を上限とする	・高額教育費、寄付金、住宅ローンモーゲージ以外の所得控除を全廃
主な税額控除改革の内容	・勤労所得税額控除の増額 ・児童扶養税額控除の増額	・最大2000ドル（単身）3500ドル（婚姻世帯）の低所得者向け健康保険税額控除の創設
資産性所得	・投資ファンド事業者の利子収入を通常所得として計上	・貯蓄不算入
非課税貯蓄	—	
法人税		
税率	30.5％：C法人	・歳入を対GDP比18.5％に固定するための任意の税率を選択 ※現行35％の税率から1％ずつ引き下げ、個人負担と均衡するところで固定
課税ベースに対する改革	・配当所得に対する非課税率を引き下げ ・外国子会社所得を別会計として取り扱い、等	・研究開発目的の新設控除以外の全ての控除を全廃 ・海外所得は不算入
社会保障税		
改革案の概要	・S法人株式所有被雇用者に対する優遇措置の制限	・社会保障税は廃止、源泉徴収システムのみ維持
遺産贈与税・取得税		
改革案の概要	—	・廃止、移転所得は支出時に課税
消費税		
改革案の概要	—	・高速道路基金等特定目的の目的税以外の消費課税は廃止
その他	・投資ファンドから直接に非課税主体への投資を可能とする	—

CHAPTER 5　オバマ政権における包括的税制改革の潮流

A Proposal by authors affiliated with the American Enterprise Institute（2011）	The Fair Tax Act of 2013, introduced by Representative Woodall, et al
American Enterprise Institution	Rob Woodall et al
保守系シンクタンク	共和党下院議員
※累進支出税提案 〜 50000＄：15％ 50001 〜 100000＄：25％ 100001＄〜：35％	・所得税、社会保障税、資産移転税の全てを単一の連邦小売売上税で代替 ・2015 年の時点で 23％の税率を提案 ・内 14.91％を一般歳入とし、この水準を維持 ・残りを高齢障害等社会保障目的と医療費補助目的の二つに振り分け、両者は状況に応じて変動 ・貧困家庭は、申告により同税率の繰り戻し措置が行われる
・基礎控除廃止 ・児童一人につき 3000＄の控除 ・所得 2％までのビジネス支出の控除	
・寄付金、非還付の児童扶養、還付付き個人加入健康保険に対する税額控除 ・勤労所得税額控除は現行制度を維持	
・金融性所得は不算入	
・貯蓄は不算入	
35％	
・キャッシュフロー法人税提案 ・研究開発以外の控除を全廃 ・クロスボーダー取引は原産地原則を適用 ・金融性のキャッシュフローにも 35％課税	
・社会保障税は廃止し、個人課税に統合	
・廃止	
・炭素税の導入を提案	
・歳入規模を対 GDP 比 19・9％に固定	

121

CHAPTER 6

国際化する企業行動と税制改革の実態

2017年トランプ税制改革における法人税改革

1 本章の目的

　本章の目的は、2017年に成立した2017年減税・雇用法（Tax Cut and Jobs Act of 2017, TCJA 2017）が、議会内の党派的分断のなかで実施した国際課税方式の変更の文脈を、その背景にあった超党派議論を主軸に描くことである。

　アメリカの法人税は、1909年の成立以後、第2次大戦期を頂点として税率・税収を高進させていった。その後、戦後は一貫して連邦歳入上のシェアを低下させてきた（Gravelle 2004）。しかし、法人税の源泉たる企業活動を見れば、世界第1位のGDPを誇るアメリカの企業は、第2次大戦後も一貫して成長を続けてきた。

　経済的な成長にもかかわらず法人税収が伸び悩む理由として、法人による租税負担の転嫁、利子控除のための過剰債務、パートナーシップ制度を利用した節税行動、そして種々の租税支出の影響が議論されてきた（Gravelle Ibid）。なかでも、長らくアメリカの法人税における最大規模の租税支出である加速度償却（Modified Accelerated Cost Recovery System）は、製造業種を中心に資本投資に対する実効税率を大きく引き下げる効果を持ってきた（Gravelle 2014）。また、近年でも、主として景気対策のため、償却率の初年次ボーナスが繰り返されてきた。しかし、政策的に拡充されてきた償却制度の優遇措置は、2000年代に入ると、租税支出の規模別リストのなかでランクを下げていく。

　代わってリスト上位へ入っていくのが、海外子会社所得の課税繰り延べ措置である（吉弘 2018）。1990年代以降、アイルランドやオランダ、イギリス

といった先進諸国が企業利潤や法人誘致のために法人税率を引き下げるなか、アメリカの多国籍企業は各国の制度・税率の差を利用して節税行動を繰り返すようになっていく。アメリカの法人向け租税支出の順位の変化は、こうした国際的な租税競争の激化に影響されて生じたものであった。

租税競争の結果、多くの先進諸国が①法人税の法定税率の引き下げ、②国内企業が海外に持つ子会社の利益に対する国内法人への益金不算入化・参入率の引き下げ（いわゆる域内課税方式：territorial tax system への変更）、③特許など非定形資本から得られる利益への軽課措置、を実施した。こうした国際的な法人税改革の潮流に取り残されたアメリカは、2010年代に入って、多国籍企業の節税スキームへの抜本的対策を迫られることとなった。

2010年代以降のアメリカ連邦法人税及び事業者課税の課題は、①法人税制を通じた国際競争へのキャッチアップ、②課税方式の全世界課税から域内課税方式への転換、③課税ベース漏出の抑制策、の3つに絞られていった（Toder & Viard 2016）。2017年12月に成立した2017年減税・雇用法では、以上の問題点に対応した連邦法人税・事業者課税に関する改革が実施された。

2017年減税・雇用法に対する政治的関心は、ドナルド・トランプ大統領が主導する大規模な減税に集まっていた。法人税においても、議論の中心は、トランプ大統領が指示した大幅な税率引き下げ（35%から20%への提案：成立法では21%）提案であった。両院租税委員会が試算した結果では、法人税率の引き下げによる歳入減の影響額は、2018年から2027年の10年間で1兆3485億ドルとされており、改革パッケージのなかで最大の減収項目となっている（Joint Committee on Taxation 2017）。また、個人所得税の大幅な減税も時限立法ながら講じられた。

こうした各種名目税率の大幅な引き下げに目がいきがちであるが、2017年減税・雇用法では、課税ベースに対しても1986年税制改革法以来最大規模の変更が実施された。法人税でも、全世界課税から域内課税方式への転換をはじめとして国際課税ルールの大規模な変更が実施された。これにより、2018年以降、いくつかの例外を除いて、アメリカ国内の企業が海外に持つ子会社の利益は、アメリカの法人税を原則として課されないこととなった。

法人税の名目税率の引き下げ、域内課税方式への移行は、アメリカの法人

税が他の先進諸国と同様の方針に従ったことを表している。1960年代に確立したアメリカの連邦法人税の国際課税ルールは、半世紀を経て抜本的な転換期に入ったといえる。では、こうした制度改革は、トランプ政権及び上下両院で多数派を占める共和党と、野党・民主党との間で明確な対立軸を持って議論されたのであろうか。実は、2017年減税・雇用法で実施された国際課税ルール及び法人税・事業者課税に関する変更は、2010年代に行われた超党派議論の内容を引き継いでいる。

本章では、2013年から2015年に超党派議論でまとめられた議会提案・提案法の内容や、オバマ政権下で行われた法人の国際的な節税スキームへの規制内容と、2017年減税・雇用法との比較を行っていく。この比較を通じて、2017年減税・雇用法の内容が、超党派的議論で積み重ねられてきた近年の法人税改革方針に沿ったものであったことを示す。最後に、対立著しいアメリカ連邦議会内で、60年ぶりに法人税の大規模改革が成立した背景と、それがアメリカ連邦法人税とアメリカの経済構造との関係のなかでいかなる意義を持ったのかを考察する。

2　2017年改革の概要

2017年減税・雇用法は、レーガン政権下で成立した1986年税制改革法（Tax Reform Act of 1986）以来、最大規模の改革となった。本節では、2017年減税・雇用法の概要と、法人税・事業者課税に関わる国際課税方式の変更点の詳細を、それぞれまとめる。なお、変更内容のすべてを記述するのは、紙幅の関係上難しいため、ここでは、ゲイルらがまとめた2017年減税・雇用法の概要（Gale et al. 2018）を元に、同法案のサマリー及び本文で内容を適宜補完していく方法をとる。

2.1　個人所得税の変更概要

個人所得税に関する税制の変更のほとんどは、後述する法人税と異なり、2025年までに失効するサンセット法である。

名目税率は、ブラケットの数は変わらず7段階とされ、最高限界税率を含

め5つの税率が引き下げられた。最低税率である10％と、6つ目のブラケットの名目税率である35％は変更されていない。2017年減税・雇用法による各課税所得に対する名目税率の変化をみると、今回の個人所得税の減税による恩恵はほとんどのブラケットで生じている（Ibid. p.27, Figure.1を参照）。一部、課税所得40万ドルから42万4950ドル間の差2万4950ドル部分に対しては、改正後に適用税率が高くなっている。

名目税率の低下幅が最も大きいのは、23万7950ドルから31万5000ドル未満の課税所得の部分であった（4％マイナス）。全体に恩恵を与える減税措置であったが、名目税率のみで見ても、アッパーミドル及びハイクラスの所得階層に特に軽減効果が大きい。課税ベースの影響も加味して分析しているサマルティーノらがまとめた2017年税制改革の所得階層別の影響に関する報告（Sammartino et al. 2018）でも、減税の効果は所得5分位のなかで第5・4分位が最も大きいとされている（Ibid. p.3, Table.1を参照）。

基礎控除は、額が単身者1万2000ドル（前6500ドル）、世帯合算2万4000ドル（前1万3000ドル）、世帯主1万8000ドル（前9550ドル）と、改革前のほぼ倍に引き上げられた。

項目別（所得）控除は、適用上限が設定されることで、高額所得者の利用へ一定の制限が講じられた。このうち、州地方税の支払いに対する連邦所得税の課税ベースからの控除は、当初、下院提出案で撤廃が示唆されたが、共和党を含め高税率の州を地元に持つ議員たちから強い反発が生じた。医療費控除や住宅ローン利子控除も、上限額が引き下げられるなど、これまで高額所得者の利用も可能であった減税制度の適用幅を狭める変更が実施された。各種の項目別控除が引き下げられる一方、調整後課税所得の一定額を超えると適用される減額措置が撤廃された。

税額控除では、児童税額控除の還付可能部分を、児童1人当たり1000ドルから2000ドルに倍増させた。非還付部分については、扶養者に対して一律500ドルの児童税額控除が新設されている。この内容は、上院の共和党議員であるルビーノとリーから、行政府が主張してきた法人税率20％への減税を、22％に引き上げることで確保した財源で拡充すべきとの主張が反映されたものである。児童税額控除の拡充提案の背景には、民主党のみならず共

和党議員の一部陣営からも、2017年減税・雇用法による減税の恩恵が高額所得者に著しく集中しているとの批判があったとされる（WSJ 2017/11/29）。

その他、個人に対する課税では、健康保険法に基づくペナルティ課税が恒久的に撤廃された。各種インフレ調整の指標を連鎖式CPIに変更することも、恒久法として定められた。

2.2 パス・スルー団体に対する新たな制度

アメリカの事業者課税方式のひとつに、パス・スルー団体（S法人など）への課税がある。パス・スルー団体と一般の企業（C法人）の大きな違いとして、通常の法人（C法人）では団体に帰属する減価償却控除や借入金利子控除などの「タックス・ベネフィット」を、投資家である株主に帰属させることはできないが、パス・スルー団体では事業に関連した各種の「タックス・ベネフィット」と企業利潤などの「ファイナンス・ベネフィット」を投資家に直接、通過（pass through）することができる（本庄 2003 pp.16-25）。

パス・スルー団体における課税は事業課税としながらも、適用される税率やブラケットは個人投資家の個人所得税になる。事業所得と各種控除を個人所得に合算する際、損益通算を通じて、各種の「タックス・ベネフィット」を個人投資家にもたらすことが、パス・スルー団体の税制上の「うまみ」といえる。このため、アメリカでは、高額所得者の節税手法としてパス・スルー団体への投資が利用されている。1990年代の景気拡大期には、税務申告におけるパス・スルー事業形態の増加が、法人税収の伸び悩みの一因ともなった（関口 2015 pp.76-79）。

2017年減税・雇用法では、パス・スルー団体課税に関連して、個人所得税に複雑な控除が創設されている。

夫婦合算の課税ベースを選択する場合には、その所得が31万5000ドル以下である場合、事業内容にかかわらず適格事業収入（qualified business income）の20％を所得控除できる。

31万5000ドル以上の場合、主に貿易とビジネス向け特別サービス業（specified service trade or business）からの事業収入に対する控除に制限が生じる。41万5000ドル以上では、貿易とビジネス向け特別サービス業から

の事業収入に対するこの特別控除は消失する。また、その他の事業では、事業からの支払い給与（Form W-2 給与）の 50％、あるいは支払い給与の 25％に事業資産に対して 2.5％を乗じた額の和が、控除の上限となる。

　減価償却制度に関しては、一般の C 法人と同様の変更となっている。まず、加速度償却制度のボーナス償却制度として、2022 年まで購入資本の初年次即時償却（初年次償却率 100％）が設けられた。この初年次ボーナスは、2022 年以降、20％ずつ減少し、2027 年以降は消失する。また、主に小規模事業者を念頭に実施されている Section179 による即時償却制度は、適格資本の購入金額の上限が 100 万ドルに引き上げられた。

　一方で、「タックス・ベネフィット」への制限も講じられている。事業粗利益が 2500 万ドルを超える団体については、利払い費控除は調整後課税所得の 30％を上限とされた。また、控除可能な事業損失をその年の純利益の 80％に制限することとした。損失控除の繰り戻しは廃止し（前制度では 2 年間の繰り戻しを可能としていた）、後年への繰り越しは無期限可能に改めた（前制度では 20 年間に制限されていた）。この事業損失を、投資家が受け取った際に事業損失以外の収入と損益通算できる制度についても、その措置を撤廃することとされている。パス・スルー団体に関する変更は、即時償却制度以外、すべて恒久法としてなされる。

2.3　法人税の変更概要

　法人税の変更は、2017 年税制改革のなかで最も影響額の大きいものとなった。とくに、法定税率の最高限界税率は 35％から 21％の単一税率（改革前は 15％から 35％までの累進的な構造を持っていた）に変更された。また、代替ミニマム課税が廃止された。利払い控除や事業損失に関する控除の変更は、先に述べたパス・スルー団体と基本的に同様である。この点で、負債を通じた「タックス・ベネフィット」に一定の歯止めをかけたのが、本改革の骨子のひとつといえよう。

　その他の改革として、内国生産活動控除（IRS Section 199: Domestic Production Activities Deduction）が廃止された。これは、2004 年のブッシュ減税の際に創設されたもので、国内製造業を念頭に特定産業部門の事業

所得の一定程度（廃止前は事業所得の10％）を所得控除するものであった。また、希少薬開発に関する控除の廃止、研究開発支出の即時償却が、2022年から5ヵ年の複数年度償却に変更されている。

名目税率と償却制度において、法人負担の軽課を図るとともに、負債利子や事業損失、研究開発支出を通じたループホールを一定程度制約する方針が示されているといえよう。

2.4 国際課税方式の変更

法人税に付随して、国際課税に関するルールも大幅に変更された。最も大きな変更点といえるのが、全世界課税方式（Worldwide Tax System）から、域内課税方式（Territorial Tax System）への変更である。これにより、アメリカ国内の企業が10％以上の株式を保有する被支配海外子会社からの配当をアメリカの法人税の課税対象としないこととなった。現在、多くの先進国で採用される課税方式は、ほとんどが域内課税方式（あるいはその変形型）であり、アメリカは数少ない全世界課税方式の採用国であった[1]。

なお、この変更に際してこれまで課税を留保されてきた所得のすべてが免税となるわけではない。2017年減税・雇用法の14103条により、移行期清算課税（Deferred Foreign Income upon Transition to the Participation Exemption System of Taxation）が作られている。これは、1986年から2018年1月1日の期間に海外子会社に留保されてきた課税ベースに対して、1回限りの課税を行う制度である。現金に対しては15.5％、流動資産の合計に対しては8％が適用され、支払い期間は8年となっている。

課税方式の変更に伴い、海外子会社等の生産活動と、それに対する課税方式にいくつかの複雑な制度が新設されている[2]。その一つが、「外国子会社の課税後所得（Global Intangible Low-Taxed Income、以下GILTI）」である。

この制度は、低税率国に流失する課税ベースに対して一種のミニマム課税を行う制度といえる。そのため、アメリカ国外にある外国子会社の超過利潤を、国内の課税ベースに統合して課税する。すでに存在する海外子会社所得の国内企業所得への合算措置を採るサブパートF所得に近いシステムといえる。

その算定方法であるが、海外子会社が所有する実物資産の10％を通常所得とし、海外での税引き後利益から通常所得を除した部分を超過所得と定義する。この超過所得の50％は控除可能であり、残り半分がアメリカ国内の株主の課税ベースに参入される。控除率50％は2025年までであり、以降は37.5％にその率が引き下げられる。なお、海外で支払った法人税の80％は外国税額控除として支払い税額から控除することができる。

　このため、GILTIに対する実効税率は、2025年までは10.5％、以降13.125％となる。さらに、海外の法人税率が2025年まで13.125％（13.125％@80％＝10.5％）、以降は16.40625％（16.40625％@80％＝13.125％）以上の場合は、GILTIに対する課税分の支払いを外国税額控除が相殺するため、基本的に租税負担が生じないといえる。

　こうした制度設計から、GILTIの合算課税の目的は、アメリカの法人税率よりも大幅に低い国へ、利益等が留保されることや企業活動が実施されることへの制限をかける法律といえる。GILTIにより、国外所得へ一定の網をかけており、2017年税制改革は、純粋な意味での域内課税方式とはいえないことが浮かび上がってくる。

　GILTIの課税ベースへの合算措置の他に、域内課税移行後の海外所得への課税強化策として、「税源侵食濫用防止規定（Base Erosion Anti-Abuse Tax, BEAT）」がある。これは、大企業向けのミニマム課税であり、1）アメリカ法人から国外関連者（foreign parties）に対する各種支払い費用を合算した「調整後所得（Modified Taxable Income）」に10％（2018年は5％、2019-25年は10％、26年以降12.5％）を乗じた額が[3]、2）当該年度の法人税額（一定の税額控除を適用する前）を超過する場合、その差額が追加徴収される。

　つまり、海外関連組織への利払いや支払いを通じた節税行動への抑制策ということになる。ただし、適用される企業は3ヵ年の平均の粗売上が5億ドル以上の企業であり、税源侵食割合（Base Erosion Percentage）が3％以上の場合に適用される。税源侵食割合とは、当該年度の損金控除総額に対する、先にも述べた税源侵食支払の当該年度の額の割合で計算される。

　GILTIやBEATのような政策上の「ムチ」の一方で、「アメ」といえるのが、海外分配無形資産源泉所得（Foreign-Derived Intangible Income）に対

する特別税率の設定である。これは、輸出製品の生産特許をアメリカ国内の企業が持つ場合、その売却により生じた利益に対して2025年まではその37.5％を、26年以降は21.875％を控除する制度となる。例えば、アメリカ国内の製薬会社が持つ特許により製造され、ヨーロッパや日本など他の国に輸出して得られた収入などに適用される。

　以上のように、2017年税制改革では、1986年税制改革以来、最大規模の連邦税制の変更が実施された。とくに、本章の関心事である国際課税スキームは、1) 域内課税方式への変更、2) 全世界課税方式採用時に留保された課税への清算課税、3) 課税ベース漏出問題への対応策、4) 知的財産への課税に関するインセンティブの設定、という性格を持つものであった。これに、法人税の名目税率の大幅な引き下げが組み合わされた形で、アメリカの連邦法人税制は、国際的な租税競争に歩調を合わせた改革を実施したといえる。

　一方、課税ベースの改革ではとくに利払い控除を中心に、そのタックス・ベネフィットとしての性格を削ぐ改革が実施された。では、こうした改革内容は、過去の制度改革議論のいかなる部分を引き継ぎ、どのような違いを有したのか、節を改めてこれまでの議論を追うことで、その点を明らかにしていこう。

3　2010年代の国際課税制度の変更に関する主要議論の論点

　2000年代に入ってのアメリカの法人税制の制度上の課題点について、これまで数多くの改革案が提示されてきたが、租税政策の専門家であるエリック・トダーらは、次の3点にこれを整理している（Toder & Viard 2016）。

1) 海外利益のロックイン効果へ対応するための名目税率の引き下げと全世界課税制度からテリトリアル課税への移行（海外利益の非課税措置）
2) いわゆるパテントボックス税制の導入（知的財産からの利益への軽課措置）
3) 全世界課税方式下で繰り延べられてきた海外子会社所得への一定期

間を通じた取り戻し課税の実施

　すでに見たように、2017年税制改革において、上記のいずれもが改革提案に盛り込まれた。ここでは、2013年、14年、15年、16年に行われた議会提案や提案法について、国際課税の改革方針をまとめる。それにより、2017年税制改革がトランプ政権下で短時間にアドホックな形で提案された内容でなく、少なくともオバマ政権以降の法人税制改革の流れを引き継いでいることを示す。

3.1　2013年上院財政委員会国際課税方式会議資料（ボーカス・プラン）
　上院財政委員会委員長であるマックス・ボーカス（民主党：モンタナ州選出）は、オバマ政権下で法人税の国際課税方式に関する変更を議論するために、超党派議論のドラフトを作成した。この資料の前提は、1960年代の成立後、しばしば小規模な修正を繰り返してきたアメリカの連邦法人税制を、2000年代の国際環境に時代即応させようとするものである。法人税改革の方針として、課税ベースを広げ名目税率を引き下げる、全体としての歳入中立など既存の改革パッケージを支持している。

　被支配海外子会社（CFC）への課税方法については、2つのプランを提案している。基本的には、全世界課税方式を維持し、アメリカの法人税を被支配海外子会社にも適用するものとなっている。

　プラン1は、海外子会社の利益に対して、即時にミニマム課税（アメリカ法定税率の80％）を実施し、海外法人税税額控除を完全適用する。プラン2は、実態のある事業取引によりもたらされた所得に対しては、全額をアメリカ法人税率の60％でミニマム課税するというものである。この場合は、海外税額控除を適用しない。

　ボーカス・プランでは、海外子会社所得に対して、外国税額控除を認める点で全世界課税方式を維持したものとなっている。海外子会社所得へのアメリカ国内の法人税率を基礎としたミニマム課税と、外国税額控除の適用という点では、2017年度改革のGILTIへの課税方法と重なる面を持っているといえる（ボーカス・プランの法人税改革のパターンは、オバマ政権による2016年、

2017年の大統領予算提案でのプランと共通性がある）。

　また、この改革は、全世界課税の維持を念頭においてはいるものの、海外子会社所得については減税を行うこととなる。このため、減税前に海外子会社内に繰り延べられてきた所得への清算の有無が焦点となるが、すでに述べたように 2013～15 年の改革法案・提案のすべてがその必要性を支持もしくは内容に盛り込んだものとなっている。

　ボーカス・プランでは、清算課税について一例としつつ、税率を 20％、支払期間を 8 年間としている。

　課税ベースの漏出に対する対抗策として明示されているものとしては、海外子会社の負債利子による控除を認めず、国内企業に対してはこれにレバレッジを効かせて実施することで国内投資の喚起と、課税ベース漏出の 2 つの政策目標を達成することが目指されている。また、顧問料などを通じて海外子会社を利用した節税スキームを規制するなど、いわゆる earning stripping 改革が盛り込まれている。

　その他の法人税の国際化に関連した改革として、チェックザボックスの国外子会社における節税目的での非同意部分の削除、国外法人税の税額控除の簡素化、貸付ファンドに対する利払いの分割清算方式の導入、アメリカ国内の資本形成を促進するための利子控除制度の改革などが提案されている（被支配海外子会社の所有する資本の購入のための負債を国内企業が保有することで、利子控除を通じてグループ全体の租税負担を軽減する事が可能となる。その一方、バランスシート上、負債超過の状態を起こし、国内企業の「資本の希薄化」が問題視されている）。

3.2　2014 年税制改革法案（キャンプ・プラン）

　2014 年には、下院歳入委員会委員長デイブ・キャンプを中心に税制改革法案がまとめられた。同法は成立には至らなかったが、改革方針を探るうえで重要なものといえる。法案では、法人税率の引き下げと被支配海外子会社からの配当に対する課税について、事実上の領域内課税方式への変更方針が示されている。

　法人税率は、5 年間かけて段階的に 25％まで引き下げるとされた。税率引

き下げ理由は、先進国内で高止まりしている法人税率を引き下げることで、企業競争力を強化する一方、国内への投資を還流させることが目指されている（Committee on Ways and Means 2014 p.49f）。

並行して、被支配海外子会社からの配当利益に対する新たな所得非算入措置が議論されている（同提案法 Sec.4001）。被支配海外子会社（国内企業が株式の10％以上を保有しているもの）から、国内の親会社に配当された利益については、その95％を所得非算入とするものである。これに応じて、海外法人税税額控除も、同法案に関わる所得への適用廃止が盛り込まれた（Section. 4101）。

ボーカス・プランと同様に、国際課税方式の変更に伴う清算制度も提案されている。提案では、1986年以降に発生し、アメリカの法人税課税を繰り延べられている被支配海外子会社の所得に対して、現金及び流動性資産には8.75％、海外子会社で再投資された分には3.5％を1回限り課税するとしている。納税は8年間の分割納入が提案されている。それぞれの割合は、最初の5年間が総額の8％ずつ、次の年から15、20、25％と続く形で提案された。清算課税による歳入は、高速道路特別会計に直接納入することが提案されている。これにより、10年間で1265億ドルの歳入が見込まれ、同特別会計の資金不足を2021年までに解消することが提案されている。

サブパートF所得に関連する措置として、興味深いのは2017年税制改革におけるGILTIとほぼ同等の外国籍企業の無形所得ベース（Foreign Base Company Intangible Income 以下、FBCII）が提案されている点である。FBCIIは、サブパートFの新たなカテゴリーであり、調整済み減価償却資産の10％を超える海外子会社の粗売上として定義されている。この内、外国子会社が海外での事業に供した資産に対する割合分のFBCIIと、子会社でなく直接的に海外の非定形資本から受ける所得に対しては、一定の控除が適用される。同所得に対する所得控除の割合は、時間経過に伴い減じられ、最終的に40％が課税ベースから差し引かれる。

ミニマム課税の範囲として超過所得を設定すると同時に、アメリカ国内の企業が所有する不定形資産からの収入に対しては、ほぼ半分を控除することで、知的財産を通じた節税行動を抑制すると同時に、知的財産からの所得へ

の課税を優遇する措置が講じられている。別の表現でいえば、被支配海外子会社の知的財産（特許やのれん代等）を用いたアメリカ国内企業の節税行動を抑制し、同時にアメリカ国内企業が知的財産を通じて行う経済活動を奨励する方法といえる（Senate Committee on Finance 2015 p.59.）。

その点で、FBCII や GILTI は、アメリカにとっては租税回避抑制策である一方、他の先進諸国との租税競争的側面を有した制度といえるだろう。

以上が2014年税制改革案における、国際課税方式の変更提案である。すでに見たように、その相当程度が2017年改革と共通していることが見て取れる。

国際課税方式に対する議論について、2010年代以降の議論をもとに、アメリカ上院議会財政委員会（United State Senate Committee on Finance）は超党派による税制改革に向けた報告書を2015年にまとめた。続いて、この報告書により共有された改革方針について確認することとしよう。

3.3 国際課税における超党派会議報告書（International Tax Bipartisan Tax Working Group Report）

上院財政委員会ではポートマンとシューマーの2名により、国際課税方式の変更に向けた超党派の報告書がまとめられている。

前提として、既存の制度、及びその問題点、近年の改革案として2014年税制改革案、2016年度大統領提案予算の2つが取り上げられ、国際課税方式の議論が整理されている。

報告書の最初には、アメリカが国際競争上、不利な租税制度（全世界方式と高い法定税率）を維持していることが問題視されている[4]。

加えて、直近の制度的問題として指摘されているのが（Portman & Schumer 2015 pp.7-10）、国際的な企業合併を用いた節税手法（tax inversions/ foreign acquisitions）と BEPS プランへの対応である。企業合併を用いた節税手法とは、低税率の他国企業との合併及び、本社の登記を移転することで、アメリカ国内の法人税負担を軽減・回避する仕組みである。有名な事件として、アメリカの製薬会社であるファイザーが、アイルランドのアレルガンと合併を試みた事例や（Americans for Tax fairness 2015）、同じく製薬会社のセイリッ

クスがアイルランドのコスモと節税目的の本社移転を行おうとした事例が挙げられる[5]。

上記の問題に対応する抜本的方法として、以下、5点の具体的検討事項と基本方針が示された。

第1に、租税のロックイン効果を解消することである[6]。

すなわち、時代遅れの全世界課税方式と、高い法定税率により、被支配海外子会社に留保された課税繰り延べ所得の国内還流を促すための、抜本的な改革の必要性である。具体的には、国際課税方式を、他のOECD諸国及びG7に合わせて、調整型の域内課税方式へ転換し、あわせて一定の課税ベース漏出防止策を組み合わせる方針が示されている。この変更方針は、2000年代初頭からの主要な改革提案とほぼ共有されたものとなっている。

この点で、国際課税方式の変更において、アメリカ国内の議論は、租税制度を通じた国際競争を強く意識している。

第2に、知的財産に対する課税の軽減措置の導入の必要性についてである。

この報告書（Ibid. p.74）の表でも整理されているが、欧州各国は特許等知的財産を源泉とする利益に対し、法人税と別の軽減税率を講じている。ベルギーは33.9％の法人税率に対し知的財産からの収入には6.8％、マルタ島に至っては知的財産収入に適用される税率は0％である。国際的な租税協調プログラムであるBEPSプロジェクトとの兼ね合いも意識しつつ、それでも加熱する同分野の租税競争に対して、報告書では知的財産課税へのアメリカ独自の優遇措置を講じる必要性を強い姿勢で述べている[7]。

第3に、課税ベースの漏出への対抗策である。課税方式の変更に伴い、法定税率の低い国へ企業や所得の移転が加速する懸念に対し、一定の歯止めの必要性が示されている。

具体的手段としては、今後の議論の進展の必要性が示唆されているが、2014年のキャンプ・プランや2016年度大統領予算で提案された、被支配海外子会社に対するミニマム課税方式を採用すべきとしている。さらに、国際的なミニマム課税を通じて課税ベースの漏出を防止する一方、アメリカの企業の競争力を維持するシステムとすべきとされている。2017年税制改革で導入されたGILTIは、この問題意識を具現化した制度であるといえよう。

第4に、利払い控除のグループ間での利用、いわゆる Earning Stripping への制限についてである。

これは、多国籍間企業の、グループ企業間での相互持合い負債の利払い費を用いた節税スキームに対して、一定の制限を設けるべきとの議論である。同報告書では、具体的方針については述べられていないが、何らかのミニマム課税を行うべきとの考えは共有されている。2017年度改革では、負債利子の計上総額に規制を設ける形の改革が実施された。

第5に、移行期清算制度についてである。

全世界課税方式から他の制度への変更に伴い、海外の課税繰り延べ所得に対して一定の清算が必要となる。

基本的な制度設計として多く見られるのは、課税繰り延べ所得に対してアメリカ国内還流時に1回限りの課税を行うものである。海外税額控除の適用の有無、適用率、課税ベースの選択については一定の議論があるが、清算課税の実施の必要性については報告書内で合意されている。

上院財政委員会が作成した、この報告書は、2010年代の国際課税方式の変更をめぐる論点をまとめたものとなっている。そこで、この論点を手掛かりに、こうした議論や提案が2017年税制改革に結実した際に、どのように取捨選択されたのかを続く節において見ていくこととする。

4　2010年代の国際課税改革方針と2017年税制改革の文脈比較

ここまで、法人税の国際課税方式に関連した上院財政委員会の議論及び提出法案について、2013年から15年までの動きを概観した。その論点は、2015年国際課税方式に関する超党派議論報告書で示された5点に集約されている。

すなわち、1）税率の引き下げと被支配外国子会社の所得に対する課税の減免あるいは免税措置、2）制度移行に伴う清算措置、3）知的財産からの収入に対する特別措置の実施、4）国際的な節税スキームへの規制あるいはミニマム課税、5）利払い費による節税手法への一定の制限の検討、である。

このうち、それぞれの議論は相互にネガポジの関係にあるといえる。

すなわち、全世界課税方式から調整型全世界方式、あるいは調整型域内課税方式への転換により、被支配海外子会社の所得への課税を軽減もしくは取りやめる。その一方で、実際には海外法人の利益への課税権を完全に放棄するわけではない。その点で、議論の1と4は関連している。また、国際課税方式の移行に伴い、課税繰り延べ所得の具体的取り扱いを提示する必要性がある点で、1と2は関連している。

　課税ベースをどのように見積もるかについては、3と4、5はそれぞれ密接な関連にある。とくに、2017年税制改革の内容や2014年法案には、被支配海外子会社への超過利潤に対してミニマム課税を行う傍ら、国内企業所有の知的財産から生じる所得は、課税ベースから大幅に控除するなど、3と4の論点は実態制度で表裏の関係にある。

　この議論を下敷きにしつつ、2017年税制改革の法人税及び国際課税方式の主たる変更点について、ここで振り返っていこう。

　まず、第1に法人税率の大幅な引き下げと、全世界課税方式から域内課税方式への転換が挙げられる。

　これは、2010年代の国際課税方式の改革提案よりも、踏み込んだ内容となっている。2017年改革は法案内（Summary）にはっきりと、域内課税方式への転換が述べられていることを見ても実際の改革は提案された法案やプランよりも、その立ち位置を明確にしているといえるだろう。

　国際課税方式の変更と関連して、国内法人税率をどの程度まで引き下げるかについても、2017年税制改革はこれまでの議論のなかで最も大胆な水準を選択している。

　ボーカス・プランは、法人税率に関して具体的に明記した個所はないが、資料説明の段階で30％以下の最高限界税率を示唆していた（Committee for a Responsible Federal Budget 2013）。

　キャンプ・プランでは5年かけて25％まで引き下げる案が出されていた。

　トランプ政権では、当初、大統領側の意見として最高限界税率20％が示され、下院当初案（2017年11月2日下院提出）はこれを支持した。民主党議員から個人所得税の特別措置の整理やオバマ・ケア財源の廃止の一方で提案された、法人税率の大幅引き下げに批判が飛んだが[8]、共和党多数派が形成さ

れている下院では提案税率のまま11月16日に議会を通過した。しかし、法人税率20％と引き換えに、多数の個人所得税の租税支出が整理されることに対して、一部の共和党議員も反感を有していた。

上院では、当初から大統領に批判的な態度を持っていたスーザン・コリンズ（メイン州）上院議員が20％の税率を22％まで引き上げ、個人所得税の州地方税控除の廃止を撤回すべきと公言した（WSJ 20/Nov/2017）。また、共和党内部から実際に、法人税率の引き上げと個人所得税の負担軽減をバーターにすべきとの提案も提出された[9]。

法案の提出を急ぐ上院共和党は、こうした党内部からの批判も考慮し、法人税率の提案を20％と22％の間で調整し、当初撤廃が予定されていた個人所得税の減税をよりマイルドな形に修正、児童税額控除の手当の引き上げを盛り込むなど一定の譲歩を示した。

税率をめぐる調整は、国際課税方式の変更に伴う移行期清算課税においても、実施された。

2017年税制改革の下院当初案の税率は、14％（流動資産）と7％（再投資実物資産）であった。

これは、15年に提出されたキャンプ・プランの8.75％と3.75％のほぼ倍であり、むしろ、オバマ政権が提出した2015年、2016年大統領予算歳入案の清算課税税率14％に近いものであった。2015年にオバマ政権が提出した14％税率をむしろ攻撃してきた共和党の政策立案グループは、最終盤に差し掛かって、他の予算との調整や財政赤字圧縮を目的に比較的調整の容易な清算課税制度の税率調整を行ったとされる（WSJ 01/Dec/2017）。

ここで、2017年に成立した実際の清算課税制度の特徴を、過去の議論との比較から考察しよう。まず、2017年法で成立した清算課税制度では、過去の課税繰り延べ所得を、流動資産と投資され実物化した資産との2種類に分割し、それぞれに別個の比例税率で課税するとした。また、支払期間は8年間の複数年度が採用されている。

税率、課税ベース、支払期間の3つの特徴は、税率以外2014年のキャンプ提案とほぼ同じ姿である。しかし、最終的な税率が15.5％と2014年提案のほぼ倍になったことを見ると、被支配海外子会社の将来所得に対する措置

と比較して、過去の所得に対する措置は、むしろ民主党主導で提案されてきた2013年ボーカス・プランや15年、16年大統領予算提案に近い。すなわち、今後の経済活動に影響を与える名目税率や課税方式については、その負担を引き下げる一方、過去に課税を留保された、今後の経済活動と切り離されている利益に対しては、一定の負担水準を設定する構造と評価できる。

　また、2014年に共和党がイニシアティブを執って作成した税制改革法案と、2017年税制改革との共通点が多いのは先ほども述べたとおりであるが、引き継がれなかった特徴もある。それは、清算課税によって期待される棚ぼた的歳入の使途についてである。2014年税制改革法案は、移行期清算課税によってもたらされる歳入を、高速道路基金の積立不足に用いるとしていた。このアイデアは、オバマ政権が作成した2016年と2017年の予算案でも採用されていた。この点から見て、インフラ投資財源の持続性を、法人税の取り戻し歳入によって補うアイデアは、両党的合意を持っていたといえるであろう。しかし、大規模減税となった2017年税制改革では、余剰財源は減税により予想される大幅歳入減を縮める目的以外に用いられることは難しかったといえよう。

　移行期清算課税で、2014年法案と2017年法の共通性を指摘したが、被支配海外子会社に対する一定のミニマム課税の実施についても、両案の内容は近い。FSCIIとGILTIの共通性については、すでに説明したとおりである。両制度は、課税ベース漏出への歯止めと、国内企業が保有する知的財産からの利益に対する課税に優遇措置を講じるパテントボックス課税の2つの役割を持っている。

　以上見てきたように、2017年税制改革の国際課税方式に関する変更は、2010年代に上院を中心に議論されてきた各種の改革提案や改革方針にほぼ沿った内容であった。その意味で、一部の議員からの批判の一方で[10]、2017年の法人税改革は、両党的な議論の積み重ねが少なくとも5年近くあったものと理解できよう。税率や個人所得税控除の変更をめぐっては、議論及び両院案の修正が頻繁に行われた一方、国際課税については、基本的に上下両院の当初提案とほとんど変わらないものであったことは、「暗黙の両党合意」を背景にした結果であったといえるだろう。

最後に、2017年税制改革における国際課税方式の変更が持つ、アメリカの内国的意義と、国際的な影響について、本章の総括をもとに考察する。

5　小括――法人税の国際化におけるアメリカ内部の論理展開

本章で得られた論点について総括を行っておこう。

政治的、社会的分断が強まるアメリカ社会において、上下両院議会の政治的二極化が予算成立に種々の影響を与えていることは、河音琢郎が明らかにしたとおりである（河音 2020）。

たしかに、2017年減税・雇用法において、個人所得税控除や各種名目税率をめぐる議論は、両党内あるいは、党内で活発な議論が繰り広げられた。しかし、法人税の国際課税方式については、多国籍企業に明確な利益が存在する、いわば「強者のための減税」であったにもかかわらず、法案の目立った修正提案はなかった。その背景には、2017年税制改革の国際課税方式の変更が、オバマ政権以降に行われた民主・共和の超党派での議論を引き継いだ内容となっていたことが影響しているといえよう。

議論の時間がほとんど用意されなかったとされ、民主党議員から度々、レーガン政権時の1986年税制改革を引き合いに出しながら批判が展開されたが、事実上、国際課税方式の大枠に関しては、両党とも明確な対立軸を持たない状態にあったといえよう。毎年行われる多国籍企業によるインバージョンやEarning Strippingに対して、逐次的な対応を講じるだけでは限界があるとの認識は、党派的対立以上に、アメリカを取り巻く現実であった。その認識を引き継いだ2017年税制改革は、少なくとも過去5年間に蓄積された、上記の問題意識にほぼ沿った内容の改革であったといえよう。

ただ、この改革が持つ、アメリカ国内及び国際的影響は大きい。

まず、アメリカ国内の点について言及しよう。

2017年税制改革の結果、2000年代に入り、アメリカの法人税に対する租税支出の最大項目となっていた被支配海外子会社の所得の課税繰り延べ措置が整理されることになった。その結果、アメリカの法人税の租税支出の規模は見た目上、大きく縮むことになるだろう。しかし、その縮小は、課税ベ

スの拡張ではなく、課税ベースの縮小によってもたらされたものといえる。このことから、1986年税制改革以来の税制改革のメルクマールであった租税支出の縮小が、課税ベースの狭隘化と並行して生じるという逆転現象が生じることになる。

　内国的な影響と表裏一体の問題を抱えるのが、税制改革がもたらす国際的な影響である。

　FRBは、2017年税制改革の影響により、2018年の第1四半期に3130億ドルもの海外収益が国内に還流したとしている。2017年の同年間総額が1818億ドルであったことを鑑みると、2018年第1四半期の額がいかに巨額かわかる。さらに、海外利益の国内への巨額の還流は、国内資本の再投資でなく、自社株の買い戻しや債務の圧縮に利用されている公算が高いとも、同報告は伝えている。FRBは国内への資金の還流が持続するかについては、慎重な検討が必要としているが、制度改正が資金調達や循環に与える影響は小さくなかったと指摘している。

　本章の最後に、この現象を敷衍しつつ、国際課税をめぐる新たな段階の登場を指摘しておこう。

　アメリカの2017年税制改革と、それに付随する資金の流れは、先進国による新たな租税競争の時代が始まったことを示している。2000年代に入り、BEPSなど税制に関する国際協調の動きをよそに、欧州諸国、日本などの先進国の多くが法人税の名目税率を引き下げていった。アメリカの税制改革は、世界最大の経済大国が、こうした国際競争に追随したということである。つまり、税制を通じた競争は、抑制されるどころか、現実には小国によるそれから、大国間のむき出しの闘争に移行しつつあるのである。

　税率と国際課税方式の競争に続いて行われるのは、知的財産からの収入に対する課税、いわゆるパテントボックス課税をめぐる制度設計となろう。世界経済を牽引する、各先進国のむき出しの租税競争は、多国籍企業による資金調達や経済構造をより複雑化させ、一層把握を困難にさせる危険性を有している[11]。アメリカにおける2017年税制改革は、アメリカ国内の国際課税の隘路を解消した一方、世界的には制度を通じた競争をより強化する動きにつながっていくだろう。

先進国自身の経済的な衰えの結果、租税競争が強化されるとき、公平・中立・簡素という内国的な税制改革の指針だけでは、法人税の制度改正の方向性は見えなくなっていく。その意味で、30年間君臨し続けてきた税制改革の基本パッケージであるこれらの指針を、租税論は新たな観点から点検し、まさに現在進行中の状況にあわせて必要なアップデートを示していく必要に迫られているといえる。

FINAL CHAPTER
グローバル化反転の時代の政策税制
バイデン政権のインフレ削減法を材料に

1 租税政策に反射する産業構造変化

　本書は、主に連邦法人税の租税支出との関係に焦点を当てて、産業構造の変化が租税政策に与える影響を分析してきた。租税政策は、主たる租税原則である収入性の一部を代償にすることで、経済主体に一定の行動変容を迫るものである。その意味で産業に関連する租税政策は、中立性原則とも鋭く対立し、租税論上では一種の「鬼子」としての地位に縛られることになる。

　しかし、租税は結局、それぞれの時代の実態的経済の状況を映し出す鏡である。いかなる租税も、実態の経済状況から独立して収入を上げることはできないし、課税ベースが事実上ないところに理論的に望ましい税制を適用しても無意味である。

　そのため、産業構造、実体経済分析と離れて、租税の理論的側面だけを取り出してもそれは、租税論ではあっても、財政学的な意味でのそれにはなりえないのではないか。本書を通じて、時点時点の産業構造や実体経済の変遷を意識しながら、個別の租税政策がどのように変化するのかを読み取ろうとした本書の意図は、財政学的な意味での租税論を再度、実証的に提起しようとするところにあった。

　その点で、租税論中の「鬼子」として政策課税論を語るのではなく、「租税＝国家による経済主体への負債」というグレーバーらの議論（グレーバー 2016）から、むしろ租税そのものの機能のなかに政策課税を埋め込み直すことが可能なのではないだろうか、というのが本書のいまひとつの問題意識であった。グレーバーは、経済思想史の理論的蓄積のなかから、負債を帳簿上の貸し借りとしてだけでなく、債権者から債務者に対する一定の行動命令権

であると解釈した。

　債権者は債務者に対して慣習や法律、契約に基づく方法に基づいて一定の行動命令を行う権利を有する。そして、国家は法定通貨による一定の支払い義務という形で租税を一種の債権として経済主体に命じることが可能である。しかし、債務が貨幣上の弁済以外の多様な「行動への見返り」であるとするならば、貨幣による支払い義務のみを租税の本質とみるのは十分ではない[1]。

　ここで、政策税制は政府や国家から貨幣の形以外での債務支払を経済主体にもとめるものとして含まれ、それは税制の本質的性格と何ら齟齬をきたさないこととなる。こうした債権としての租税という見方は、ある意味で租税負担と貨幣が背中合わせの存在であることを暗に意味している。その点で、租税優遇措置は、租税「支出」なのではなく、やはり租税の姿のひとつにほかならないのではないだろうか。

　アメリカにおける各種のタックス・ベネフィットの活用や、それが各種の経済行為のなかに深く埋め込まれている状態は、本章でのちに触れるバイデン政権において行われたインフレ削減法における環境産業政策のなかにも強く立ち現れるのである。しかし、同時に本書では租税による一定の行動変容が、あくまでも命令でなく行動誘引（インセンティブ）によって駆動されざるをえないことも明らかにしてきた。本書の第2章における残存した加速度償却制度が、時の設備投資や企業投資の動向と軌を一にしなければ、どれほど有利な租税による行動変容の誘引があったとしても、その利用が十分に進まないことはありうる。

　重要なのは、その時々のグローバルな政治・経済環境や、内国政治と資本に対する実体経済の環境、いずれもが相互に影響し合いながら租税政策の実態に影響を与えるということである。その意味で、本書終章において扱うバイデン政権のインフレ削減法は、国際・国家・資本と経済という3つの要素がどのように接点を持つのかを考えるうえで極めて興味深いものとなっている。

2　知識産業における実物投資の再帰的意義

　本書第1章でも指摘したように、近年、アメリカにおける企業投資の多くが実物から非実物資産へと移行しつつある。諸富徹が指摘するように、情報通信産業の発展により、各企業の利益の源泉は、直接的な生産からソフトウェアやプラットフォームといったデジタルの仕組みに移りつつあるとされる（諸富 2020）。しかし、非実物資産やデジタル部門への投資実態の移行は、必ずしも実物投資の必要性を失わせているわけではない。

　電気自動車や各種のデバイスという点では、人間がデジタル技術を利用するには、依然として実物デバイスを介してアクセスする必要がある。

　さらに、ネットワークを介して情報処理を行うには、大規模なデータセンターという実物投資が必要である。また、データセンターの出す大量の熱の処理や、地盤、デジタル回線インフラとの接続性は、データセンターの立地に空間的特徴をもたらさざるをえない。経済の非物質化は、反面でインフラやデバイスの物質特性を抜きに語ることはできないのである。

　このようなデバイス以外にも、非実物資産やプラットフォームといったデジタル商品になくてはならないものがある。山川俊和が指摘するように、こうした非実物デジタル産業が必ず必要とするもの、それが電気エネルギーである（山川 2023b）。

　実際、すでに技術進歩の関係から高度なAIほど大量の電気を消費することが知られている。

　生成AIは、その技術特性上、通常のコンピュータソフトよりも33倍近い電力消費が必要とされ、巨大な電力消費は各地域にとって物理的な課題となりつつあるとBBCは報道している（BBC 2024a）。あわせて、サウスカロライナ州やバージニア州においては、大量の電気利用を必要とするデータセンターの設置に対する税制上のインセンティブの見直しが議論されている（Anchorage Daily News 2024）。その結果、現在、GAFAをはじめとする情報通信産業の大規模なプラットフォーマーたちは再生可能エネルギーによる電力調達に極めて熱心である（Power Technology 2021）。

安定的かつ地理的な特性を生かせる再生可能エネルギー開発は、ポストコロナ時代における国際情勢の不安定性や米中摩擦の激化という国際情勢、国内雇用確保という内政問題等を絡めながら、アメリカにおいて重要な政策課題となっている。国際環境の変化や資本の物理的制約、内国政策における国内製造の必要性という、グローバル、国家、資本のアジェンダがつながれるようになった結果、実物投資を増やすという「古い租税支出」は、再び積極的に利用されるようになっている。具体的には、2022年8月にバイデン政権で成立したインフレ削減法（Inflation Reduction Act, IRA）における環境投資への大規模な租税支出の実行は、こうしたアメリカが現在置かれている複数の状況にちょうど重なるような政策を組み込んでいる。

3　インフレ削減法の全体像について

　2022年8月16日にバイデン大統領がサインすることで執行されたインフレ削減法は、多様な内容を含む法案であり、全体で9章の構成となっている。ホワイトハウスが、大統領署名の前日に発表しているプレスリリースでは、同法の主要目的として、一般家計費の負担軽減、気候変動への対策、財政赤字対応のための法人に対する課税強化を挙げている。本節では、インフレ削減法における概要に関して、主に企業活動や産業政策との関係について整理し、その狙いを示すこととする。

3.1　収入増に関わる項目

・財務諸表に基づく企業利益へのミニマム課税（BMT）

　バイデン政権によるインフレ削減法では、財政赤字削減を政策目標のひとつとしている関係から、後述する大規模な租税支出に対する財源措置としても、新規の歳入増政策が必要であったといえる。また、財政赤字の削減は、本法が目的としているインフレーションの沈静化にも関係しており、ホワイトハウスは同取り組みに対する理論的根拠を複数の専門家の知見として紹介している。

　連邦法人税において、新たに作られた増税としては財務諸表に基づく企業

利益へのミニマム課税（Book Minimum Tax、以下BMT）がある。BMTは代替ミニマム課税で実施され、その税率は15％が予定されている。この代替ミニマム課税は、10億ドルを超える帳簿所得を株主に報告する企業に納税義務が生じ、企業は連邦所得税と税源侵食対策税（第6章のBEAT参照）の合計額と、ミニマム課税の額を比較して、どちらか多い方を納税する義務が生じる。

なお、BMTの課税対象となるのは、課税年度の3年間平均の平均的確財務諸表所得が10億ドルを超えているものが対象となる（O'Neill 2022）。

なお、帳簿上での減価償却は、通常、財産の自然償却期間が用いられるが、BMTの場合には税法上の加速度償却を用いることが認められている。このため、帳簿所得（Book Income）とされているものは、正確には通常の帳簿所得よりも費用上、小さくなることが期待される。

同時に、企業は見せかけの所得を縮小する意味でも、加速度償却を利用して、国内における企業投資を増加させるインセンティブが制度内に組み込まれていることを意味する。この点は、バイデン政権における国内設備投資や、国内製品使用に対するインセンティブ付けとも整合的なものといえる（McBride, Muresianu, York & Hartt 2023）。

また、確定拠出年金についてもBMTの課税ベースから除外されるが、こうした除外資産と非除外資産の違いは通常の財務諸表とも、法人税税務会計とも異なるため、対象企業は3種類の帳簿を用意する必要が生じ、煩雑性が増加する点が懸念されている。BMTの課税対象の違いによって投資に対する中立性が侵害されることについても、疑問が呈されている。帳簿そのものを過少申告するようなインセンティブは、資本投資市場における財務諸表のシグナリング機能を阻害し、結果、投資の効率性が失われる危険性についても指摘がなされている（Ibid.）。

一方で、帳簿所得と税務所得の乖離は、長年、アメリカの法人税制度において問題視されてきた。インフレ削減法によって実施された代替ミニマム課税は、こうしたアメリカにおける会計制度上の歪みに対して一定の歯止めをかけようとするものといえる。しかし、この制度がアメリカ法人税制度の歪みを是正するのか、それとも先に指摘されているような新たな歪みを作り出

すのかについては、今後の制度に対する影響の実証研究を待たなくてはならないだろう。

　議会予算局は、BMTによる増収効果を2022年度以降10年間で2220億ドルと見込んでいる。これは、インフレ削減法の歳入増計画のなかで最大額のものとなっている（Committee on Responsibility for Federal Budget 2022）。

・自社株買い戻しに対する課税

　BMTが複雑な制度である一方、比較的単純な増税として準備されているのが自社株買い戻しに対する消費課税（Excise Tax）である。自社株買い戻し課税は、課税年度中に企業が行う自社株買い戻しの額に対して、1％の消費課税を行うものである。

　2024年4月にIRSが出した通達によると、自社株買い戻し税は課税年度に買い戻した自社株の公正市場価格の総額が100万ドル未満には課税されず、買い取り公正市場価格から新規発行株式の公正市場価格の額を相殺した分が課税ベースとして扱われる。

　この制度の目的について、アメリカ財務省では、自社株買いに対する税制上のインセンティブを小さくすることを通じて、これまで投資に回らなかった資金を設備投資や人的資本投資に振り分けさせることが謳われている。なお、同制度はアメリカに子会社を持つ外国籍の企業に対しても適用される。歳入増加効果は、議会予算局の試算によると10年間（2022〜31年）で740億ドルとされている。

・その他の歳入増加政策

　これ以外にも、インフレ削減法ではメディケアで提供される薬価の規定価格を設定し、これを守らない場合には186〜1900％までの物品税をかけるとしている。ほとんどのケースでは、この規定薬価が守られることが予想され、歳出削減効果は議会予算局の試算によれば960億ドルに上ると推定されている。

　また、このほかにもアメリカ連邦歳入庁の課税監督権限の強化により、1010億ドルの歳入増を予定している。これら諸々の歳入増加政策を合算す

ると、総額は7380億ドルと見込まれているが、一部の抑制策については事実上の引き伸ばしが決まったものもあり（トランプ政権における薬価リベート措置の撤廃は延期された）、法案成立時の議会予算局の試算通りに歳入増が確保されるかは定かとはいえない。

3.2　環境部門に対する巨額の投資プログラム

　インフレ削減法において、最も特徴的な歳出増政策として掲げられているのが、環境分野に対する種々の投資促進プログラムである。とくに額が大きいのが、再生可能エネルギーの発電事業者に対する2種類の税額控除である。

　インフレ削減法で、再生可能エネルギーの導入促進のためにとられた租税支出は、再生可能エネルギー発電税額控除（Production Tax Credit、以下PTC）と再生可能エネルギー施設に対する投資税額控除（Investment Tax Credit、以下ITC）の2種類の税額控除について制度改正が行われたことで、政策方針に対する特定のインセンティブが付与されている。2種類の税額控除は、これまでも一部で実施されてきたが、インフレ削減法においては制度を完全に付与されるためには、連邦政府が定める雇用者に対する措置を満たす必要がある。

　いずれの制度においても、満額ないし控除率の上限を受けるためには、事業における技能実習制度を導入し、労働組合に加入させ、技術移転等の訓練を労働者に行う必要がある。これらの措置を取らない場合では、両制度においていずれも5分の1に適用基準が切り下げられることになる。

　また、従来の再生可能エネルギー部門におけるPTCとITCは、いずれも単年度の時限立法を延長し続ける形で行われてきたが、インフレ削減法によって10年間の固定期間で適用されることになる。このため、発電事業者の経営計画の予見可能性が高まることで、投資促進につながることが期待されている。

　PTCは、1kw当たりの発電において、連邦税額控除を適用するものである。2021年12月31日以降に稼働する設備に対して、バイオマス、小規模水力発電等については最大1.5セント/kWh、風力、クローズド循環バイオマス、地熱発電、太陽光からの発電に対しては最大2.75セント/kWhの法人税額

控除が適用される。

インフレ削減法では、従来のPTCにおける税額控除の額を0.3セントないし0.55セントとして、一定の条件を満たしたものが1.5セントないし2.75セントの税額控除を回復できるように設定した。条件は先ほども述べたように、再生可能エネルギー発電所における事業実施において一定の労働条件を満たす必要がある。

具体的な条件としては、PTCが適用される10年間の間、継続してプロジェクトの建設やメンテナンスに従事する労働者や機械工に対して実勢最低賃金を上回る給与を支払わなくてはならない[2]。また、プロジェクトに関わる総事業時間の一定割合を技能実習生による雇用で実施する必要がある[3]。技能実習生が関わる事業の割合は、建築時期に応じて施設建設に伴う作業時間の10％から15％の幅で決定される。

このように、再生可能エネルギー開発の促進政策のなかには、炭鉱労働等の炭素産業から再エネ産業への移行が、労働者にとって望ましいものとなるように、また、技能実習生などの未熟練労働者に対して企業が技術蓄積を行うように制度的なインセンティブが付与されている[4]。バイデン政権は、2020年の就任時の政策から、労働組合所属の労働者所得の向上を政策課題として掲げて来たところから、より良い職業の供給を税制上のインセンティブに設定している[5]。

インフレ削減法では、さらにPTCに対して特定条件が達成された場合に付与されるボーナス税額控除が存在する。条件のひとつ目は国内素材ボーナス（Domestic Contents Bonus）であり、国内生産された鉄鋼、鋼材を利用した施設建築が必要となる。もうひとつのボーナスは旧炭素エネルギー地域ボーナス（Energy Community Bonus）であり、従来の石炭、石油などの炭素燃料に依存した地域において開発された脱炭素エネルギープロジェクトに対してボーナスが適用される。なお、ボーナスは0.1セントから最大0.3セントが付与される。これらの税額控除に対するボーナス付与についても、バイデン政権におけるBuild Back Better（以下、BBB）という経済政策に関する基礎的なアイディアが反映されているものといえる。

バイデン政権は、BBBにおいてメイドインアメリカの再建、アメリカの低

開発地域における投資の促進、家族向けサービスと教育プログラムの再建の3つの再生を掲げてきた。PTC及びITCにおけるボーナス控除要件は、いずれもこのBBBにおける考え方に即したものとなっている。加えていえば、バイデン政権がインフレ削減法に先立って行ったコロナ禍のアメリカ救済法、アメリカ雇用法及び超党派インフレフレームワーク法は、こうしたBBBの考え方に一貫して基づいたものといえる。

なお、PTCにおけるボーナスがすべてついた状況となると、1kWh当たり3.35セントの税額控除が付与されることになる。アメリカにおける太陽光発電の売電価格は平均でkWhあたり30〜40セントとされており、発電コストは同様にkWhあたり2.8セントから4.1セントとされている。仮に1kWhあたり40セントで売電し、4.1セントをコストとして計上した場合、純利益35.9セント、これに連邦所得税が21％課税されると、税額は1kWh当たりおよそ7.5セントである。ボーナス税額控除がすべて上乗せされたPTCは税額の半分を圧縮することになり、事実上、連邦所得税の実効税率が半分程度にまで圧縮される可能性がある。アメリカの再生可能エネルギー事業者の大手、デューク・エナジー社は、インフレ削減法により同社が租税支出の期限である2030年まで、多額の現金納税者になることはないだろうとの見解を財務諸表において示している（U.S. Securities Exchange Commission 2023）。

インフレ削減法では、PTCと排他的関係にある制度であるが、投資税額控除も準備されている。

投資税額控除は発電事業における投資の30％を税額控除として申請できる。ただし、こちらもPTCと同様に、事業者に制度実施時の的確要件が求められている。その他、ボーナス控除においても同様の措置となっている。

これらの税額控除の未使用分については、最大22年間の繰越、ないし3年の繰戻が可能である。また、連邦所得税の対象とならない公共団体や非営利組織による再生可能エネルギー事業については、税額控除に相当する分が連邦政府から給付される。さらに、今回行われるエネルギー関係の税額控除に関しては、執行できない分の税額控除を同一事業体で繰越等に使わない場合には、関連のない他の事業体に譲渡（transferability）することが認められている。事業体をまたいでの租税支出の未執行分を、他の事業体に譲渡す

るという方法は、これまでの制度のなかでは極めて特徴的である。

　現在、譲渡については制度的に固まっていないとされるが（McBride, Muresianu, York & Hartt 2023）、この税額控除の譲渡により、再生可能エネルギー関連の事業体はより多くの資金調達プログラムを実行可能となることが予想される。

　インフレ削減法による脱炭素事業や再生可能エネルギー分野に対する投資促進は、本節で扱った PTC や ITC 以外にも、運輸部門や建設部門にも付与されている。脱炭素及び再生可能エネルギー部門に対するインフレ削減法による補助額は、当初法律の期間である 10 年間で 2710 億ドルと見積もられていた額を超えて、5364 億ドルに膨張する見込みである。最も大きく上振れしているのは、新しい PTC によるもので、これは当初 306 億ドル（10 年間）とされていたものが 1325 億ドルに膨らむことが JCT の資料から指摘されている（McBride & Bunn 2023）。この巨額の租税支出の上振れは、反面でアメリカ国内での再生可能エネルギー開発が加速していることの現れとも言える。実際、アメリカ国内での再生可能エネルギー投資市場は、インフレ削減法の成立以降、急拡大しているとの報道もある（BBC 2024b）。また、こうした投資の多くが、低開発地域において顕著であるとの研究結果も示されており、BBB の政策方針は実際のアメリカ経済において一定程度浸透しつつあることが読み取れる（Smith & Friedman 2024）。

　これらの租税支出と、それに伴う実体経済の一種の「改造」には、これまで租税論や財政学では十分に議論されてこなかった世界経済構造の変化抜きに理解することはできない。最後に、本書における検討と、現在のアメリカを主題とする租税政策の議論を考えるうえでの論点をまとめることとしたい。

4　実物投資と税制をめぐる政治経済学的論点について

　インフレ削減法では、アメリカにおける超過利潤の集中先である大企業に対する租税回避の防止等を歳入増加政策に置きながら、再生可能エネルギーや脱炭素技術への投資促進という民間経済への積極的なインセンティブ付けが盛り込まれてきた。また、環境技術への投資促進税制は、実際に実体経済

における投資を後押ししているとの内容についても確認をした。

　ここで注意して考えたいのは、政策税制にはつねに実体経済を変更するほど実行的な力を持つのかという点である。

　本書第2章、第3章において議論したように、レーガン政権の置き土産となった加速度償却制度は、アメリカの製造業や国内産業に対して税制上の高いインセンティブを付与し続けてきた。しかし、本書第2章で議論したように、それは当時のアメリカ経済の投資環境、とくに重厚長大産業からコンピュータやソフトウェアなど極めて短期の寿命しか持たない投資財に置き換わるなかで、相対的にその役割は膨らまなかったことを指摘した。世界経済が、コンピュータネットワークによって物流網に接続された、単一自由市場へと切り替わるという新しい状況のなかで、国内製造を奨励する加速度償却制度という古い制度は、時代遅れのものとなっていったということの現れといえる。

　古い箴言にあるように、新しい酒は新しい革袋に、であるが、1990年代から2000年代初頭においてのアメリカにおける租税政策は、新しい革袋（世界経済）に古い酒（加速度償却制度）を注ぐようなものであった。

　バイデンや、あるいはトランプから始まったアメリカにおける国内生産への回帰運動は、2000年代まで続いたグローバル経済と世界の単一市場化との関係からいえば、逆回転のようにも見える。そして、そうした逆回転のなかで、脱炭素分野、国内におけるエネルギー生産の内製化と国際安全保障との関係のなかでこそ、バイデンによるインフレ削減法によって導入されたPTCやITCの申請額の急増という現象を理解できるともいえる。

　それは、リーマンショック以後に生じた米中、米露の安全保障上の対立関係と、炭素排出に対する廃棄制約の高まりという（山川 2023a）、新しい革袋として登場する世界経済システムに対して、新しい酒（インフレ削減法）が注がれた際の、これもまた必然の帰結であったといえよう[6]。

　租税政策をめぐる議論は、つねに内国的議論によって閉じているのではなく、世界経済や国内経済の構造と接続された形でしか、そのあり様を語ることはできない。

　実物投資を促進するという法人税制における「歪み」は、クリントン政権

からバイデン政権までの四半世紀間の世界経済システムの大きな転換のなかで、一方では時代遅れの制度となり、もう一方ではシステム変更ゆえに国内経済を大きく主導する役割を与えられたのである。

　以上が、本書を通じて議論しようとした租税政策、租税論上の既存フレームワークに対する批判的検討の結果である。

　一国経済内の歳入確保としての側面からだけで租税政策を語ることは、世界経済と接続された経済システムの影響に対する視点を弱めることが懸念される。一国経済、また、先進国中心主義的な経済システム像だけでなく、世界経済のなかでの各国の役割や課題が、租税政策をどのように形作り拘束するのか、本書を通じて実証的に明らかにしようとしたのは、まさにその点にあったのである。

註

CHAPTER 1

1) レント、すなわち経済的地代として租税支出を理解するとはどのような意味であろうか。経済的地代は、ホブソンの理解によれば通常の経済取引における利益を超える超過利潤を発生させる源泉である（大水 1994）。超過利潤が技術革新などイノベーションの一部として生じる場合には、事業者間競争の結果であり生産拡大に寄与するという点で政策選択上反論されることは少ないであろう。しかし、レントの発生において権力や社会構造、政治が関連する場合には、その分配は純粋に経済的な競争の結果でなく政策の結果として理解される。産業促進的な政策税制は、課税という形で共通して発生するコストを、差別的取扱いにより特定の分野や活動では小さく（大きく）することで、剰余価値の蓄積を助ける（阻害する）ものと理解できる。さらに、後述するように、一国内経済における政策税制によるレントの発生は、その便益が一国内でとどまる限りは、国富の蓄積に有効であろうが、国際的な次元で複雑にレントの設計がなされることで、租税というコストの最小化行動が可能になってしまう。これは、レントの設置や廃止に関するコントロールが一国政府から、逆に政策税制を適用される事業者側に移動してしまう現象として理解できる。この際、レントの性質は内国産業保護の論理を離れて、資本蓄積の道具となることには注意を要する。
2) あるいは、その達成のためにむしろ実施されるケースもある。所得控除を超えて、税額控除による所得の再分配は租税における必要経費控除の概念を超えて、再分配的な視点から実施されている。
3) Weisbach & Nussim（2004, pp. 957-958）の整理に従えば、アメリカ国内での租税支出に関する見方は次の２つが主であるという。ひとつは、ビトカー、マスグレイブ、ベックマンによる伝統的な租税論からの批判的見方である。これは、租税支出を包括的所得税など適正な課税ベースを侵食するものとみなし、政府による政策目的の達成には直接支出をもって行うことを正当と位置づける見方である。もうひとつはサリー、マクダネルなどの租税支出論（the theory of tax expenditures）である。これは、租税支出の制度設計という点に着目し、ある政策目的に対して租税支出と直接支出が機能的には同等の効果をもたらしうるとする見解を示すものである。しかし、租税支出論も、最終的には課税ベースの公平性を強調し、想定する好ましい税制構造は、伝統的な租税論のものと同じであるとされている点は注意が必要である。
4) ただし、個人所得税と法人税の間では税率差が生じた結果、相対的に高い法人税の名目税率を嫌って、事業主体がパートナーシップやＳ法人といった個人所得税課税の対象となる事業形態を選択する変化を生んでいる。詳しくは、関口（2006）及び Bank（2010）、Williams（2006）、などを参照されたい。
5) 例えば、諸富（2008 pp.10-12）は、アメリカにおける法人税制度の成立において、戦費調達以外に大企業への過度な資本集中を調整する役割があったことを指摘しており、これは経済の質的な変化が税制度の成立及び変化に影響を与えてきたことを物語っている。また、会計上も、減価償却費などは大規模資本の成立以降、それまでのコスト計算方法が陳腐化した結果発達したものであるなど、経済段階は財務会計や税務会計の質的条件に影響を与えてきた。
6) 以下、アメリカ租税支出の詳細については、Altshuler & Dietz（2011）の記述によっている。
7) 詳しくは、カナダ政府ホームページを参考。
8) 加速度償却は最終的に企業会計上でもコストとして算出される分を一時的に早期にマネタイズする手法とも理解できる。市場利子率との関係もあるが、このように短期的にマネタイズされた資金をさらに高利子率の投資に転用することが可能であれば企業の投資スピードの上昇や資

157

本蓄積の促進に寄与する制度となると考えられる。
9) 少なくとも、2005年まではマサチューセッツ州ハイテク会議の代表クリストファー・アンデルセンの発言において、「イノベーションベースの経済においても依然設備投資こそ、その価値創造の「王」なのである」という言葉に象徴されるように実物投資をどのように促進するかは重要な問題であった（上院財務委員会公聴会　2005年7月21日より）。
10) アメリカの企業研究家であるロバート・アトキンソンは2011年の団体イベントにおける講演会で、このようなBBLRといった概念について租税政策における一種のワシントン・コンセンサスであるとの認識を示している。また、租税そのものを中立性という概念だけでなく企業投資の促進のためにどのように活用するのかという論点を提示している。中立性は極めて重要な概念と考えられてきたが、後述するように加速度償却等の変更により歳入中立を主張する例えばペックマンの伝統を引き継ぐグラベルのような論者の見解は、国際化のなかでは不十分さをにじませるようになってきている。内国的な租税の公平性と中立性の確保だけでなく、海外利益あるいはそもそも国際化するビジネスに対する課税権の主張を一国独立国がどのように捉えるのかという新たな問題を突きつけることになっている（Atkinson 2011）。
11) 実際、多くのアメリカ租税学者が、新たな焦点について国際化への対応を主張している。例えば、Toder & Viard（2016）、Desai & Hines（2004）などを参照。
12) もちろん、これは2017年に限定された議論から生じたものではなく、トランプ以前のオバマ政権下から引き継がれた論点や議論されてきた制度が下敷きとなっている。大きく異なったのは、法人税の法定税率の具体的なレベルであったが、これとてそれ以前からの議論が基本的に法定税率を引き下げることに同意していた点からいえば、一種の程度問題、とさえいえるかもしれない。この点については、本書第6章において詳述する。
13) 例えば、有名な租税回避策であるダブルアイリッシュダッチサンドイッチなどにはアップル等GAFAによる利用が象徴的に取り上げられている（New York Times, 2012年4月8日記事）。
14) キャッシュフロー計算上の減価償却、DepreciationだけでなくAmortizationも含む。また、先にも述べたように財務諸表上の減価償却は税務会計上の減価償却よりも過少であると考えられるため、ここでは参考値の扱いといえる。
15) ただし、Alphabetはバミューダの子会社がライセンスを持つ知的財産をアメリカに移している。このような変更は、2017年税制改革の影響を受けているとされる。
16) これに関連して、企業のCSR活動と租税回避の実施の関係を研究することで企業の倫理面の論点を議論する研究も存在する。Ylönen & Laine（2015）やLee（2020）はCSRと租税回避の実施について関係性を分析しており、租税回避を利用する企業がCSR活動にネガティブであることを指摘している。
17) アメリカの連邦法人税収は2000年以降、おおむねGDPの1％から2％程度で推移している。このため、法人税収の実額は2000億ドルから3000億ドル程度と考えられることから、海外への租税回避を通じて失われる予想税収は仮に最低の額であったとしても小さくない規模を持っているといえる。
18) 一例として、O'hare（2019）は各国の租税回避の実態から、仮にこれらの税収の回収に成功するとすれば、低所得国では公的健康保険として現行の8ドルから24ドルまで引き上げることができるとしている。また、低中所得国でも54ドルから91ドルに財源確保が進む可能性が指摘されている。アメリカでは、Kleinbard（2011）がこうした課税されない所得をStateless Income（無国籍所得）とも読んでおり、課税圏のなかにこのような多国籍企業の利潤をどのように含めていくかが重要なアジェンダであることを指摘している。
19) この国際課税における租税回避の一種の「正当性」をめぐる議論については、中里（2017 pp.15-17）がかつてドイツにおいてナチス党が行った「一般的否認規定」の濫用の事例を引きつつ、国家による課税権の濫用に注意を払っている。これはデヴェルーらと共通する問題意識

の一端を占めているともいえるだろう。しかし、中里の主張は集中した富に付随する権力の問題については無頓着にも見える。実際に、国家の不作為等があったとしても、集中した富によって一部の企業や個人が特権的に課税権の網から逃れるとすれば、それは課税される同国の産業や個人に対する課税上の差別を潜在的に生じさせているのではなかろうか。

20) 海外直接投資統計を見ると、1980年以降、おおむね毎年10％を超える上昇率で企業による海外直接投資は増加している。特に、1992年から2001年の10年間の伸びは、それ以外の10年単位での伸び率よりも高く年平均19％上昇を記録している。また、業種別に見るとその多くが持株会社によるものとなっており、特定事業者以上に複数の事業展開を行うコングロマリットによる国際展開が高まっていることが統計上からも見て取れる。

21) この点については、マルクス（1867=1972）『資本論』第23章2節「蓄積とそれに伴う集積との進行途上での可変資本の相対的現象」を参照されたい。

CHAPTER 2

1) Schick（2000, pp.151-152）、The Century Foundation Working Group on Tax Expenditures、以下 TCF Working Group（2002 pp.24-29）、Toder（2002 pp.41-42）。具体的には1990年に導入され、93年に強化された Pay-As-You-Go 原則や CAP 制など、主に歳出削減のために設けられた規制的予算原則を指す。
2) TCF Working Group（2002, p.13）は、1990年代には直接支出は有害で、租税の削減を好ましいとする政治的傾向が存在したとしている。これは、歳出による政府関与を抑制し、歳入においては租税支出を用い政府プログラムの利用を個人の自己選択に委ねることで公的セクターの役割を縮小しようとする動きといえる。
3) また、Rogers & Weil（2000）は近年、アメリカの連邦州政府による社会保障政策が、直接支出から租税支出へと移行しつつあるとしている。
4) 直接支出、政府貸付（信用保証を含む）、租税支出の3つからなる（CBO 1994 p. X）。
5) 投資税額控除とは異なるが、1997年の Taxpayer Relief Act of 1997 では、86年改革で廃止となったキャピタル・ゲイン課税の優遇措置が復活している。
6) Brownlee（1996）は危機に対応して租税制度の大きな変更が生じる説から同改革を、渋谷（1992）は福祉国家の再建というテーマから分析を行っている。
7) 算入率は変わらないが、個人所得税の限界税率の引き下げにより実効最高限界税率は28％から20％に引き下げられた。
8) 耐用年数に応じて、機械・設備投資額の一定割合を税額控除に繰り入れる措置である。TRA81では0〜10％であった控除算入率が6％と10％の2本立てに単純化され、全体的に控除率の引き上げが図られた。製造業はとくにこれによって、ACRSよりも多くの法人税負担軽減を得た（宮島 1986, pp.243-244）。
9) 1981年で新設された税額控除で、研究費などの支出の前年度増加分の25％を税控除額できる制度である。
10) この額はいずれも同年の法人税収の2分の1に相当し、レーガンの政策減税の規模の大きさがあらためて強調されるといえよう。
11) RCRS（Real Cost Recovery System）の修正 ACRS への変更についての議論は、西野（1998 pp.67-71&76）、法人税の優遇税率の温存は（同 pp.72-73）を参照。
12) ただし、1970年代に生じた高インフレは1980年代には収まり、税制改革によるインフレ調整の実体経済上の意味は希薄であったといえる。例えば、アメリカの消費者物価指数は、1980年には13.5％と高率であったものの、1983年まで急速に低下し、3.2％に落ち着く。その後も、5％を超えることはほとんどなく1990年代の平均値は3％程度にとどまった。
13) 納税者の行き過ぎた節税行為に歯止めをかけるため、通常の所得課税ベースよりも広い課税

ベースで計算された税額と通常の所得税の税額との差額を、追加的に納めさせるもの。
14) 中小企業庁が、地方の個人投資家グループや銀行でのベンチャー・キャピタルに対して与えるライセンスを指す。SBIC（Small Business Investment Companies）を取得することにより、投資グループは低利で投融資資金を調達することができる。なお、SSBICはそのなかでも特に、「社会的・経済的不利によって企業の所有や経営の機会が制限されている起業家のニーズに応えるSBIC」と定義されている。このため、SBICによる投融資資金の中小企業庁からの保証は300％であるが、SSBICについては400％まで可能となる。
15) キャピタル・ゲインをSSBICへと再投資することによって、課税を免れるものである。この場合、借り換えの期間は売却後60日までとなっている。また、限界とされる額は、個人の場合、1回につき5万ドルまで、生涯を通じて50万ドルまでであり、法人については、1回25万ドル、総額で最高100万ドルまでなっている。制度適用開始は法案施行後に行われた取引からとなる。
16) 旧制度においてS法人は1万ドルまで企業活動に使われた有形動産を、減価償却ではなく全額消費財として購入当該年度に償却可能であった。この上限が、OBRA93以降、1万7500ドルまで引き上げられた。
17) 金融課税は、以降、据え置かれたまま、最終的にブッシュ政権において擬似的な二元的所得税課税に改められることになる。この点については、本書第4章を参照。
18) 上院財政委員会と下院歳入委員会のいずれもが、連邦税制を定義する役割を有している。このなかで、多様な人物が行うヒアリングは各委員会の議員たちに政治的圧力や社会情勢、租税問題についての意識を推量させる材料となっている（Pechman 1987 pp.44-49）。
19) ただし、グラベルが租税論の枠組みから政策税制を批判している一方で、サリバンは法人税増税と組み合わせて行われる租税支出の拡張という法人負担増大の可能性に対して反対を行っているという面がある。両者の主張は、政策税制批判として一致はするが、その背景となる理由については以上のような異なりがあることには留意が必要だろう。
20) アメリカ中小企業がどのようなものであるか定義は一概にいえない。というのも、その定義が職種によってひとつひとつ異なってしまうためである。中小企業庁は目安として、従業員数500人以下の企業を中小企業と定義している。中小企業庁の依頼で、Innovation & Information Consultants, Inc.（2004）がまとめたレポートでは、小規模企業を50万ドル以下で定義している。年間の事業所得によって定義を試みることで、データ取得可能で、中小企業の一般的な概念に近いものを想定したと考えられる。このため、分析においては中小企業の定義として事業所得10万ドル以下のグループをこれと想定し分析を行っている。ちなみに、事業所得10万ドル以下の企業数は最も多いため、中小企業への優遇措置や補助政策の恩恵を最も顕著に受け、現す部分と考えられる。また、今回は主にC法人を中心にその税制の効果を見た。S法人は小規模事業において法人が選択しうる法人形態のひとつではあるが、課税方法も企業所有の形態も特殊なもので、日本における中小企業の概念とは距離がある。なにより、アメリカでの中小企業の定義はあくまでも事業所得であるとか、資産規模であるとか従業員数であってS法人・C法人といった法人形態に沿ったものではない。このため、減税政策の効果を見るうえでは、事業所得などの指標を用い、さらにC法人、S法人に分けて分析を行うことが適当かと考えられる。なお、本章ではとくに断りのない限り、中小企業を中小法人として扱い個人所得税の適用範囲に含められる個人企業は分析に入れないことを明記しておく。
21) ①消費の回復、②産業への信頼回復、③広範な中小企業向け信用の拡大、④規制緩和。
22) 本来ならば、中小企業に対して使用された租税支出の対GDP比をもって分析を進めるほうが適当であると考えられるが、データの制約上、中小企業への各租税支出の厳密な計算は難しい。このため、租税負担の変化からその効果を観察し分析を行う。なお、実効税率をもとに企業規模別の租税支出の影響を見るものとして、Innovation & Information Consultants, Inc.（2004）

註

などが先行研究として挙げられる。
23) 産業政策的な租税支出の効果について、Gravelle の主張によると、近年では租税支出による投資促進効果などは発展途上国でこそ確認できるものの、先進諸国に見出すことは難しいとしている（Committee on Finance 1993 p.63.）。
24) こうした現象は、大企業で見たときではまったく逆転したものとなる。
25) 中小企業への租税支出の影響を実効税率から見た Innovation & Information Con-sultants, Inc. の研究では、中小企業が受ける租税支出の恩恵は大企業に比べて非常に小さいことが指摘されている。特に R＆D 費に対する税額控除や外国税額控除、ACRS などの租税負担効果は大企業と比較して中小企業では低いとされる。Innovation & Information Consultants, Inc.（2004）pp.4-5 & 23-45. なお、加速度償却のなかでも Section 179 に分類されるものは、中小企業に対して負担軽減効果を示したとされる。
26) 中小企業向け租税支出の効果が限定的な理由として、Gravelle はその倒産件数の多さから一応の説明を加えている（Committee on Finance 1993 pp.63-64.）。実際、1990 年代後半の倒産件数は前半の 1.5 倍に上っている。また、そのほか租税負担が徐々に増加する時期が経済成長期と重なるため、中小企業向けに行なわれている軽減税率の効果が薄まっていることが考えられる。アメリカの法人税は課税ベースに応じて比例税率が設けられている。資料的制約から事業所得 10 万ドル以下の区分が出ないため、実証的にはいえないが、こうした税率の違いが負担増大のひとつの原因であるかもしれない。例えば、1993 年から 2003 年での法人税率は課税ベース 2 万 5000 ドルから 5 万ドル未満では 15％、5 万ドルから 7 万 5000 ドル未満では 25％、7 万 5000 ドルから 10 万ドルでは 34％といくつかの段階が存在する。経済成長期に、事業所得 10 万ドル以下の企業グループで、全体的に税率 25％から 34％のグループが増加すれば租税負担は上昇する可能性がある。ただし、こうした租税負担の上昇そのものが、いかなる経路で起きたとしても、90 年代にとられた中小企業向け租税支出の効果が限定的であったとする本章の結論は損なわれない。

CHAPTER 3

1) Simonson（2005）は、ボーナス償却制度に関する議会公聴会で、建築業界の意見を代表するため登壇しているが、そのなかでも他業種と共通した償却制度の課題として加速度償却制度がコンピュータやソフトウェアの実態的な陳腐化に追いついていないという問題を指摘している。
2) 以下、ボーナス償却制度と Section 179 の制度変遷の記述については、Guenther（2013）及び Kitchen and Knittel（2016）らの整理によっている。
3) この点は、本書第 1 章 7 節の分析結果もあわせて参照されたい。
4) Guenther（2013）のレポートは 2013 年 2 月 1 日付で出されたものであり、後述するボーナス償却をめぐる議論において、結果的に両党派の妥協や協力関係が維持されたことについては含まれていないため、上記のような評価となっている。
5) 例えば、2010 年 12 月 16 日の Tax Relief, Unemployment Insurance Reauthorization, and Job Creation Act of 2010 の審議の場で、ノースカロライナ州選出の Price 民主党議員は、ボーナス償却制度を含めた減税措置により小規模事業主やビジネスオーナーの経営の持続性や発展が目指せると評価している。また、ハリケーン・カトリーナ被害に対する救済法である Gulf Opportunity Zone Act of 2005 における減税措置の一部としてボーナス償却が扱われた際もルイジアナ州の Jefferson 民主党議員も、ボーナス償却制度が事業者の復興を助けると好意的に評価している。
6) Congressional Record, Proceedings and Debates of the 113th Congress, second session, vol.160, no.108, H6112.
7) Congressional Record, Proceedings and Debates of the 113th Congress, second session,

CHAPTER 4

1) 経済のグローバル化の本質はどこにあるのか、また、それによる影響については諸説あろう。アダ（2006）は世界システム論、レギュラシオンなどを念頭において整理している。経済システムを社会システムの構成要素のひとつとして理解しながらも、歴史的な経緯を背景として世界史のなかで生じた経済のグローバル化という事象を敷衍しつつ、基本的な性格を「私的な統合の論理に支配された経済の領域」（同 p.6）と評している。筆者の経済のグローバル化という概念もおおむねこの整理に基づくものといえる。

2) 資本及び金融のグローバル化は投資生産活動を一国内経済政策の影響から解き放つものとなる。このため、アメリカでいえば企業及び租税による福祉負担に支えられた「擬似黄金時代」（ライシュ 2008）としての経済構造は立ち行かなくなる。それは、より安い生産、より高い投資効率を求めてすばやく移動する資本と金融をつなぎとめることができないためである。結果として、国家は資本への負担すなわち企業に対する租税及び社会保障負担と、金融に対する課税を低下させる国際的競争を生じさせるのである。ただし、こうしたいわゆる「底辺への競争（Race to the bottom）」も各国の経済構造、政治的状況、社会構造などから独自の反応を見せるため、影響は一様ではない。詳しくは小泉（2005）、スタインモ（2003）、新川（2002）などを参照。ただし、加藤（2005）が述べるようにグローバル化の影響について各国でその対応が異なるのはいわば自明であり、重要なのは、それがかつての生産構造や政治、社会の動向と比較しつついかなる傾向を有しているかを考察することにあるといえる。

3) ブッシュ政権の均衡財政主義からの撤退を批判的に扱うものとして、Jones & Williams（2007）がある。

4) 配当所得に対する二重課税調整はすなわち、法人税と個人所得税の統合問題に帰結する。この論点の研究蓄積は膨大である。主要な蓄積の内容及びリストをまとめているものとして、Zodorow（1999）を挙げておく。

5) 以下、両説の解説については赤石（2003）Sorensen（1995）によった。このほか、我が国の文献としては配当所得減税のアメリカにおける議論及び経済効果の先行研究をまとめた野村（2006）がある。

6) これは、Grassley の提案が、配当所得減税が高齢者層の税負担の軽減に資するとの内容を受けてのものと考えられる。

7) 年金受け取りを課税ベースに算入する仕組みは 1984 年に開始され、この時点での参入率は 50％となっていた。1993 年のクリントン政権における財政再建において、この参入率が 85％まで引き上げられることとなった。

8) すなわち、政治的状況の変化が見られたといえども 2003 年の時点で増税という提案を行いにくいということが示されている。

9) 下院での情勢は圧倒的に不利であったことも理由のひとつであるといえる。

10) うち、ひとつは Miller 上院議員で、配当所得に対する減税提案及び 2003 年減税パッケージにおいて一貫して賛成している。

11) 配当への課税が実際にはほとんど行われていないという主張をもとにしていると考えられる。

12) 民主党 Breaux 上院議員によるもの。

13) 財政を、政治、経済、社会の媒介項として理解する整理は、神野（1998, 2002）によって示されたものである。財政社会学におけるこの魅力的な概念を、現実施策の形成と現代社会の様相のなかでいかに実証するかについては、大島・井手（2006）、井手（2006）なども参照されたい。

14) 保守系シンクタンク及び財団の影響力の拡大については、スコチポル（2007）また、その実態をわが国で紹介しているものとして横江（2008）などが参考となる。

15) アメリカにおける労働組合、社会的紐帯の衰退、などについてはスコチポル（2007）を参照。アメリカの民主党における政策論点の実態については Gerring（1998）を参照されたい。また、福祉政策においてその要因を個人に還元する性格が、後期近代において一般化していると指摘するヤング（2007）などの問題意識もこうした政策争点の細分化と強く関係しているものと考えられる。こうした中間層の空白を政治的関心事としてオバマが 2008 年の大統領選挙を制したことは、本章で取り上げた問題をより深めるものといえよう。

CHAPTER 5
1) ただし、この際、失業保険等を含めた中間層への恩恵についても拡充しており、政権としてはこの点を成果と強調したとされる（坂井 2014）。
2) こうした意識の違いは、例えば同じく財政赤字の解消が議論された 1990 年代初頭と対照的といえる。当時は、財政赤字の削減のためにアメリカ国民が一定の負担を負うことについて世論の比較的高い同意が得られていた（詳しくは吉弘 2013）。
3) ここで用いている「租税国家の危機」は直接の文脈としてはシュンペーター（1918=1983）が用いたものと異なる。しかし、同時にシュンペーターは、徴税は国家権力と不可分であり、税は国家そのものを表すとした。また、国家は共同の困難の克服のために準備されるとしている。その点で、将来的に極めて懸念される問題を解決する手段としてさえ、租税を調達できないアメリカの政治状況と社会情勢は、租税国家≒国家の危機に直面していると評価できるだろう。しかし、後述するがこれらの租税国家の危機は、金融面の負債と内国支出（主に軍事を中心に）の肩代わりを他国に行わせるという形である意味で「輸出」されている。ここにも、現代アメリカの財政金融が抱えるジレンマが見て取れる。
4) 先行研究では、この増税が限定的ながら高額所得者への増税を回復したとして一定の評価を行う岡田（2013）や片桐（2015）などがある
5) 金融面においても、米中二国は近年、強い緊張関係にある。詳しくは大森（2014）を参考。

CHAPTER 6
1) ただし、海外子会社繰り延べ制度という形で海外の子会社が利益を留保する状態に対しては、その課税を繰り延べてきたため、純粋な全世界課税方式とも言えない面を持つ。また、変更後のアメリカも同様であるが、域内課税方式を採用する国の多くは、海外利益を全額控除するわけではなく一定の制約をかけることが一般的である。その点で、Clausing（2016 p.1651f）が指摘するように、全世界、域内、いずれにしてもその純粋な姿を採用する国はなく、両極のグラデーションのなかで折衷的な制度を形成することが一般的である。
2) こうした制約は、結局、海外に流失した各種の資金や生産資源（とくに知的財産）をアメリカ国内に還流させる目的にあるといえる。
3) 棚卸資産の売上原価と一定のサービス支払いについては除外される。この際、連邦歳入法 482 条により計算されるサービス支払いについては、除外対象となっている。この点で、移転価格税制による節税行動を抑制する役割については、同濫用防止規定の役割は限定的であることが予測される。
4) 国内企業の競争力というテーマは多元的な意味を有している。これを批判的に整理した文献としては、Clausing（2016）を参照されたい。
5) いずれのケースも、財務省から禁止命令が出された。
6) ここでのロックインという言葉は、企業利潤がアメリカ国内に還流せず据え置かれているという意味で用いられている。
7) 例えば、p.76 の次のような表現に現れているといえる。「我々は、アメリカにおいて他国の取り組みと戦い（to combat）、アメリカの法人の流動性の高い所得を引きつける法的取り組みを

163

速やかに実施すべきだと合意した。また、アメリカ独自のパテントボックス課税を通じて、アメリカの法人による知的財産の所有と発展を、国内製造業とともに、進めていくべきである。」

8) 例えば、John Leiws（ジョージア州）による 2017 年 11 月 16 日発言などを参照（H9382）。
9) Marco Rubio（フロリダ州）と Mike Lee（ユタ州）の 2 名は、法人税率を 20.96％に修正し、児童税額控除の引き上げを図るべきとの修正案を 12 月 1 日に上院に提出した。民主党議員からも、同修正案への賛同が得られたが、修正法案は上院で否決された。
10) 例えば、財政畑の民主党上院議員 Rob Wyden の 11 月 29 日の発言など。
11) 例えば、Kleinbard（2011）の「国籍のない所得（stateless income）」に関する議論を参照。

FINAL CHAPTER

1) 国家における法定通貨が、租税という債務行為によって根拠づけられるという現代貨幣理論ともつながるこうした思想は、租税論の議論を拡張しうる論点であるものと考えられる。なお、グレーバーに連なるソディらなどの債務論に対するより詳細な議論は、瀬尾（2023）を参照されたい。
2) 実勢最低賃金（Prevailing Wages）は、合衆国法典第 40 編第 31 章第 4 節によって規定される地域平均給与の水準を指す（U.S. Department of Labor Home Pages）。
3) 詳細は U.S. National Archives Federal Register Home Pages（2022）を参照。
4) なお、アメリカの技能実習制度は日本のものとは異なり、アメリカ労働省及び州政府が承認検証される公的登録システムに登録された未熟練労働者のことを指している。詳しくは Apprenticeship USA Home Pages を参照されたい。
5) バイデン政権の初期におけるアメリカ経済政策に関する考えは、Build Back Better という考え方にまとめられている。詳しくは、White House Home Pages "Build Back Better Framework" などを参照されたい。
6) それは単純な国内製造業保護とは異なる世界経済・世界政治との関係を持つものである。インフレ削減法が施行され、脱炭素政策へ舵を切ったかに見えるアメリカにおいて、エネルギーをめぐる物質的な側面からみるとその複雑さの一端が垣間見える。インフレ削減法施行後のアメリカにおける石炭産出量は、依然、施行前の水準と比較して極端な低下を見せていない（U.S. Energy Information Administration Home Pages）。また、原油生産量に至っては、むしろ増加を示しており（U.S. Energy Information Administration 2024）、ウクライナ危機の影響もあって 2023 年にアメリカは原油の純輸出国となった。これは、国内の再生可能エネルギーによる脱炭素事業と、国内における炭素産出産業とを貿易を通じて政治的に調整しているとも読み取れる。覇権国によるこのような内国産業の矛盾を、帝国主義や貿易によって解消しようとする姿は、ポラニー（2009）や金子（2023）らに代表される伝統的な政治経済学の分析フレームワークともいえる。

参考文献

CHAPTER 1

大橋英五（1985）『現代資本主義叢書31　独占企業と減価償却』大月書店。
大水善寛（1993）「ホブソンのレントによる価格形成」『第一経大論集』24巻2・3号、pp.1-23。
佐藤良（2020）「諸外国の租税支出をめぐる動向」『レファレンス』833号、pp.75-102。
渋谷博史（1992）『レーガン財政の研究』東京大学出版会。
─── （2005）『20世紀アメリカ財政史3』東京大学出版会。
関口智（2006）「アメリカ連邦・州政府における法人所得税・社会保障税・個人所得税の相互関連──C法人・S法人・ユニタリータックス・LLC・EITC」『立教経済学研究』60巻1号、pp.57-102。
谷達彦・吉弘憲介（2011）「アメリカ型福祉国家──「小さな政府」を支えるメカニズム」井手英策、菊地登志子、半田正樹編『交響する社会──「自律と調和」の政治経済学』ナカニシヤ出版。
中里実（2017）「一般的租税回避否認規定とナチスドイツ」中里実・太田洋・伊藤剛志編『BEPSとグローバル経済活動──国際課税の最先端を探る』有斐閣。
古田美保（2016）「アメリカの減価償却制度」『日税研論集 VOL69 減価償却課税制度』pp.257-284。
マルクス、カール（1867=1972）『資本論　第2巻』岡崎次郎訳、大月書店。
宮島洋（1986）『租税論の展開と日本の税制』日本評論社。
森川博（1978）『減価償却論』森山書店。
諸富徹（2008）「租税による経済システムの制御（上）　ニューディール期「留保利潤税」を手掛かりに」『思想』1005号、pp.6-27。
─── （2020）『資本主義の新しい形』岩波書店。
Alphabet Inc., (2016) FORM 10-K Annual Report Pursuant to Section 13 or 15 (d) of the Securities Exchange Act of 1934, United States Securities and Exchange Commission.
─── （2019) FORM 10-K Annual Report Pursuant to Section 13 or 15 (d) of the Securities Exchange Act of 1934, United States Securities and Exchange Commission.
Altshuler, Rosanne & Dietz, Robert (2011) "Reconsidering Tax Expenditure Estimation," *National Tax Journal*, Vol 64 No.2 part 2, pp.459-490.
Atkinson, Robert D. (2011) "What Would Pro-Growth Corporate Tax Reform Look Like?!" Information Technology & Innovation Foundation Event.
Bank, Steven A. (2010) *From Sword to Shield The Transformation of the Corporate Income Tax, 1861 to Present*, Oxford Unviersity Press.
Brazell, David W. & Mackie, James B., III. (2000) "Depreciation Lives and Methods: Current Issues in the U.S. Capital Cost Recovery System," *National Tax Journal*, Vol.53, No.3, pp.531-561.
Clausing, Kimberly A. (2020) "Profit Shifting Before and After the Tax Cuts and Jobs Act," *National Tax Journal*, Vol.73, No.4, pp.233-1266.
Desai, Mihir A. & Hines, James R., Jr. (2004) "Old Rules and New Realities: Corporate Tax Policy in a Global Setting," *National Tax Journal*, Vol.57, No. 4, pp.937-960.
Devereux, Michael P., Auerbach, Alan J., Keen, Michael, Oosterhuis, Paul, Schön, Wolfgang, & Vella, John (2021) *Taxing Profit in a Global Economy*, Oxford University Press.
Fischer, Andrew (2015) "A Comprehensive Approach to Stateless Income," *The George Washington Law Review*, Vol.83, pp.1028-1057.

General Electric Company, (2010) FORM 10-K Annual Report Pursuant to Section 13 or 15 (d) of the Securities Exchange Act of 1934, United States Securities and Exchange Commission.
─────── (2019) FORM 10-K Annual Report Pursuant to Section 13 or 15 (d) of the Securities Exchange Act of 1934, United States Securities and Exchange Commission.
Gravelle, Jane G. (2015) "Tax Havens: International Tax Avoidance and Evasion," CRS Report.
Howard, Christopher (1997) *The Hidden Welfare State: Tax Expenditures and Social Policy in the United States*, Princeton University Press.
Kleinbard, Edward D. (2011) "The Lessons of Stateless Income," *Tax Law Review*, Vol. 65, USC Law Legal Studies Paper, No. 11-7.
Lee, Dongyoung (2020) "Corporate Social Responsibility of U.S. ‐ Listed Firms Headquartered in Tax Havens," *Strategic Management Journal*, Wiley Blackwell, vol. 41, no.9, pp.1547-1571.
Mozumi, Seiichiro (2017) "Tax Policy for Great Society Programs: Tax Expenditure and the Failure of Comprehensive Tax Reform in the United States in 1969," Keio-IES Discussion Paper Series.
O'Hare, Bernadette Ann-Marie (2019) "International Corporate Tax Avoidance and Domestic Government Health Expenditure," *Bulletin of the World Health Organization*, Vol.97, No. 11, pp.746-753.
Schick, Allen (2000) *The Federal Budget*, Brookings Institution Press.
Slemrod, Joel (2005) "The Economics of Corporate Tax Selfishness," *National Tax Journal*, Vol. 57, No. 4, pp.877-899.
Toder, Eric & Viard, Alan (2016) "A Proposal to Reform the Taxation of Corporate Income," Tax Policy Center Report.
Weisbach, David A. & Nussim, Jacob (2004) "The Integration of Tax and Spending Programs," *Yale Law Journal*, Vol. 113, pp. 955-1027.
Williams, Jonathan (2006) "Surge in Corporate Income Tax Collections Offers Opportunity for Tax Reform," Fact Sheet.
Ylönen, Matti & Laine, Matias (2015) "For Logistical Reasons Only? A Case Study of Tax Planning and Corporate Social Responsibility Reporting," *Critical Perspectives on Accounting*, Vol.33, pp.5-23.

CHAPTER 2

河音琢朗（2006）『アメリカの財政再建と予算過程』日本経済評論社。
河村哲二（2003）『現代アメリカ経済』有斐閣。
渋谷博史（1992）『レーガン財政の研究』東京大学出版会。
須田徹（1998）『アメリカの税法 改訂6版』中央経済社。
西野万里（1998）『法人税の経済分析』東洋経済新報社。
福田茂夫、野村達郎、岩野一郎、堀一郎編（1993）『現代アメリカ合衆国──冷戦後の社会・経済・政治・外交』ミネルヴァ書房。
宮島洋（1986）『租税論の展開と日本の税制』日本評論社。
村山雄三・地主敏樹編（2004）『アメリカ経済論』ミネルヴァ書房。
古田美保（2016）「アメリカの減価償却制度」『日税研論集 VOL69 減価償却課税制度』pp.257-284。
Brownlee, W. Elliot (1996) *Federal Taxation in America: A Short History*, Woodrow Wilson Center Press.
Burman, Leonard E. (2003) "Is the Tax Expenditure Concept Still Relevant?" *National Tax Journal*, Vol.56, No.3, pp.613-627.

参考文献

Committee on Finance (1993) "Hearings before the Committee on Finance United States Senate 103rd Congress First Session on Foreign Tax, Possessions Tax Credit, Investment Tax Credit, Business Meals and Entertainment, and Other Tax Matters," Government Printing Office.

Committee on Ways and Means (1992) "Hearings before the Committee on Ways and Means House of Representatives 102nd Congress First and Second Sessions U.S. Economy, and Proposals to Provide Middle-Income Tax Relief, Tax Equity and Fairness, Economic Stimulus and Growth," Government Printing Office.

Congressional Quarterly News Features (1994) *Congressional Quarterly Almanac 103rd Congress 1st Session 1993*, Congressional Quarterly Inc.

Gravelle, Jane (1994) *The Economic Effect of Taxing Capital Income*, MIT Press.

Howard, Christopher (1997) *The Hidden Welfare State*, Princeton University Press.

Innovation & Information Consultants, Inc. (2004) "The Impact of Tax Expenditure Policies on Incorporated Small Business. Small Business Administration Office of Advocacy," Retrieved from http://www.sba.gov/advo/.

Joint Committee on Taxation (1993) "Summary of the Revenue Provisions of the Omnibus Budget Reconciliation Act of 1993 H.R.2264," Government Printing Office.

―――― (1997) "General Explanation of Tax Legislation Enacted in 1997," Government Printing Office.

Pechman, Joseph A. (1987) *Federal Tax Policy: Fifth Edition*. The Brookings Institution.

Rogers, Diane Lim & Weil, Alan (2000) "Welfare Reform and Role of Tax Policy," *National Tax Journal*, Vol.53, No.3, part 1, pp.385–402.

Schacht, Wendy H. (2000) "Industrial Competitiveness and Technological Advancement: Debate Over Government Policy," CRS Report: IB91132, National Council for Science and the Environment.

Schick, Allen (2000) *The Federal Budget: Politics, Policy, Process*, Brookings Institution Press.

Steuerle, Eugene (2002) "Tax Policy from 1990 to 2001," In *American Economic Policy in the 1990s*, edited by Jeffrey Frankel, Peter Orszag, MIT Press, pp.139–190.

The Century Foundation Working Group on Tax Expenditures (2002) "Report of the Working Group," In *Bad Break All Around: The Report of the Century Foundation Working Group on Tax Expenditures*, The Century Foundation Press, pp.1–31.

The Congress of the U.S. Congressional Budget Office (1995) "Federal Financial Support of Business," Washington, D.C.

Toder, Eric (2002) "Evaluating Tax Incentives as a Tool for Social and Economic Policy," In *Bad Break All Around: The Report of the Century Foundation Working Group on Tax Expenditures*, The Century Foundation Press, pp.33–82.

―――― (1999) "The Changing Composition of Tax Expenditures: 1980–99," In *Proceedings of the Ninety-First Annual Conference on Taxation*, National Tax Association, pp.411–418.

U.S. Congressional Budget Office (1994) An Economic Analysis of the Revenue Provisions of OBRA-93, Congressional Budget Office.

U.S. Congressional Budget Office (2000) An Economic Analysis of the Taxpayer Relief Act of 1997, Congressional Budget Office.

U.S. Department of Commerce Bureau of Economics Analysis (2005) Retrieved from http://www.bea.gov/beahome.html.

U.S. Department of Labor Bureau of Labor Statistics (2005) Retrieved from http://www.bls.gov/

cpi/.
U.S. Department of Treasury (1993-2003) Statistics of Income Corporation Income Tax Returns 1990 and 1991, 1992-2000, Government Printing Office.
U.S. Government Office (1995) Economic Report of the President, Transmitted to the Congress, together with the Annual Report of the Council of Economic Advisers, Government Printing Office.
U.S. Office of Management and Budget (1995-2001) Analytical Perspectives, Budget of the United States Government, Fiscal Year 1996 and 1997, 1998, 1999, 2000, 2001, Government Printing Office.
―――― (1985) Special Analysis G: Tax Expenditures 1984, Budget of the United States Government, Government Printing Office.
―――― (1990) Special Analysis G: Tax Expenditures1989, Budget of the United States Government, Government Printing Office.
Weisbach, David A. & Nussim, Jacob (2004) "The Integration of Tax and Spending Programs," *Yale Law Journal*, Vol.113, No.5, pp.955-1028.

CHAPTER 3

渋谷博史（1992）『レーガン財政の研究』東京大学出版会。
宮島 洋（1986）『租税論の展開と日本の税制』日本評論社。
吉弘憲介（2006）「1990年代のアメリカ法人税の特徴――租税支出と企業投資行動を中心に」『証券経済研究』54号。
Baneman, Daniel, Rosenberg, Joseph, Toder, Eric, and Williams, Roberton, (2014) "Curbing Tax Expenditures,"In *Pathway to Fiscal Reform in the United States*, edit by Diamond and Zodrow, MIT Press, pp.239-272.
Gravelle, Jane G. (2011) "Reducing Depreciation Allowances to Finance a Lower Corporate Tax Rate," *National Tax Journal*, Vol.64, No.4, pp.1039-1053.
―――― (2012) "Tax Incentives for Capital Investment and Manufacturing Committee on Senate Finance Capitol Hill Hearing Testimony," U.S. Senate Committee on Finance.
―――― (2014a) "Rising Revenue from Reforming the Corporate Tax Base,"In *Pathway to Fiscal Reform in the United States*, edit by Diamond and Zodrow, MIT Press, pp.291-334.
―――― (2014b), "International Corporate Tax Rate Comparisons and Policy Implications," CRT Report, no.R41743.
Guenther, Gary., (2018) "The Section 179 and Section 168 (k) Expensing Allowances: Current Law and Economic Effects", Congressional Research Service Report.
Howard, Christopher (1997) *The Hidden Welfare State*, Princeton University Press.
Joint Committee on Taxation, Estimates of Federal Tax Expenditures, various years.
Kitchen, John and Knittel, Matthew (2016) "Business Use of Section 179 Expensing and Bonus Depreciation, 2002-2014," Office of Tax Analysis Working Paper 110.
Mozumi Seiichiro (2017) "Tax Policy for Great Society Programs: Tax Expenditure and the Failure of Comprehensive Tax Reform in the United States in 1969," Keio-IES Discussion Paper Series.
Pechman, Joseph A. (1987) *Federal Tax Policy Fifth Edition*, Brookings Institution.
Rogers, Allison and Toder, Eric (2011) "Trend in Tax Expenditures, 1985-2016," Tax Policy Center Report.
Simonson, Kenneth D. (2005) "Statement of Kenneth D. Simonson Chief Economist, Associated

General Contractors of America Committee on Senate Finance Subcommittee on Long-Term Growth, Debt and Deficit Reduction," Committee on Senate Finance Capitol Hill Hearing Testimony.
Toder, Eric (1999) "The Changing Composition of Tax Expenditures: 1980-99," In *Proceedings of the Ninety-First Annual Conference on Taxation*, National Tax Association, pp.411-418.
——— (2016) "Approaches to Business Tax Reform," Statement of Committee on Finance, United States Senate.

〈参考サイト〉
U.S. Congress, Congressional Record (https://www.congress.gov/).
U.S. Department of Commerce, Bureau of Economic Analysis (https://www.bea.gov/).
U.S. Department of Labor, Bureau of Labor Statistics (https://www.bls.gov/).

CHAPTER 4
アダ、ジャック (2006)『経済のグローバル化とは何か』清水耕一・坂口明義訳、ナカニシヤ出版。
赤石孝次 (2003)「法人・個人所得税統合論の現段階――財務省報告92を中心として」『経済学研究』70巻2号、九州大学、pp.93-112。
井手英策 (2006)『高橋財政の研究』有斐閣。
大島道義・井手英策 (2006)『中央銀行の財政社会学』知泉書院。
加藤榮一 (2005)「グローバル化で西欧型福祉国家システムは変わったか」『財政研究 第1巻』pp.11-23。
ゴア、アル (2008)『理性の奪還』竹林卓訳、ランダムハウス講談社。
小泉和重 (2005)「現代財政の形成と国際比較」金澤史男編『財政学』有斐閣、pp.262-282。
神野直彦 (1998)『システム改革の政治経済学』岩波書店。
——— (2002)『財政学』有斐閣。
新川敏光 (2002)「グローバル化は国家能力を減退させる？」『現代思想』第30巻15号、pp.76-85。
スコチポル、シーダ (2007)『失われた民主主義――メンバーシップからマネージメントへ』河田潤一訳、慶應義塾大学出版会。
スタインモ、スヴェン (2003)「グローバリゼーションと税制――スウェーデン福祉国家への挑戦」平嶋彰英訳『地方財政』第42巻2号、pp.227-237。
野村亜紀子 (2006)「米国の配当・キャピタルゲイン減税の期限延長について」『資本市場クォータリー』2006年秋号、野村資本市場研究所、pp.20-25。
横江公美 (2008)『アメリカのシンクタンク――第五の権力の実相』ミネルヴァ書房。
ヤング、ジョック (2007)『排除型社会』青木秀男訳、洛北出版。
ライシュ、ロバート (2008)『暴走する資本主義』雨宮寛・今井章子訳、東洋経済新報社。
Amromin, Gene, Harrison, Paul and Sharpe, Steven, (2005) "How did the 2003 dividend tax cut affect stock prices?," No 2005-61, Finance and Economics Discussion Series, Board of Governors of the Federal Reserve System (U.S.), https://EconPapers.repec.org/RePEc:fip:fedgfe:2005-61.
Bartels, Larry M. (2005) "Homer Gets a Tax Cut: Inequality and Public Policy in the American Mind," *Perspectives on Politics*, Vol.3, No1, pp.15-31.
Blouin, Jennifer L, Raedy, Jana Smith and Shackelford, Douglas A. (2004) "The Initial Impact of the 2003 Reduction in the Dividend Tax Rate," SSRN.
Chetty, Raj, Rosenberg, Joseph and Saez, Emmanuel (2007) "The Effect of Taxes on Market Response to Dividend Announcements and Payments: What Can We Learn from the 2003 Dividend Tax Cut?" In *Taxing Corporate Income in the 21st Century*, edited by Auerbach, Alan J, Hines, James R and Slemrod, Joel, Cambridge University Press, pp.1-40.

Chetty, Raj and Saez, Emmanuel (2005) "Dividend Taxes and Corporate Behavior: Evidence from The 2003 Dividend Tax Cut," *the Quarterly Journal of Economics*, Vol.120, Issue 3, pp.791-833.

Committee on Ways and Means, President's Economic Growth Proposals (2004) Hearing before the Committee on Ways and Means, U.S. House of Representatives, 108th Congress, 1st session, Committee on Ways and Means.

Congressional Budget Office (2003a) H.R. 2 Jobs and Growth Tax Act of 2003, As ordered reported by the House Committee on Ways and Means on May 6, 2003, Congressional Budget Office.

─── (2003b) S. 1054 Jobs and Growth Tax Relief Reconciliation Act of 2003, As reported by the Senate Committee on Finance on May 13, 2003, Congressional Budget Office.

─── (2003c) H.R. 2 Jobs and Growth Tax Relief Reconciliation Act of 2003, As cleared by the Congress on May 23, 2003, Congressional Budget Office.

Gale, William G. & Orszag, Peter (2004) "The 'No New Tax' Pledge," *Tax Notes*, July 12.

Gale, William G., Peter R. Orszag & Isaac Shapiro (2004) Distributional Effects of the 2001 and 2003 Tax Cuts and Their Financing, 〈http://www.taxpolicycenter.org/UploadedPDF/4110 18_tax_cuts.pdf〉.

Gerring, John (1998) *Party Ideologies in America, 1828-1996*, Cambridge University Press.

Hacker, Jacob S and Pierson, Paul (2005a) "Abandoning the Middle: The Bush Tax Cuts and the Limits of Democratic Control," *Perspectives on Politics*, Vol.3, No1, pp.33-35.

─── (2005b) *Off Center*, Yale University Press.

─── (2006) "Tax Politics and Struggle over Activist Government," In *The Transformation of American Politics*, edited by Pierson, Paul & Skocpol, Theda, Princeton University Press, pp.256-280.

Howard, C. (1997) *The Hidden Welfare State*, Princeton University Press.

Jones, Bryan. & Williams, Walter (2006) *Politics of Bad Ideas: The Great Tax Cut Delusion and Decline of Good Government in America*, Longman Pub Group.

McCarty, Nolan (2006) "The Policy Effects of Political Polarization," In *The Transformation of American Politics*, edited Pierson, Paul & Skocpol, Theda, Princeton University Press, pp.223-253.

McCarty, Nolan, Poole, Keith T. & Rosenthal, Howard (2006) *Polarized America*, MIT Press.

McIntyre, Bob (2006) "Tax Cuts on Capital Gains & Doubled Bush Income Tax Cuts for the Wealthiest in 2003," Citizens for Tax Justice, 202-299-1066.

New York Times (2003) Politics and the Economy: Prospect in Congress; Democrats Ease Their Support for a Tax Cut, New York Times: 09/01/03.

Pechman, Joseph A. (1987) *Federal Tax Policy Fifth Edition*, Brookings Institution.

Skocpol, Theda (2006) "Government Activism and the Reorganization of American Civic Democracy," In *The Transformation of American Politics*, edited by Pierson, Paul & Skocpol, Theda, Princeton University Press, pp.39-67.

Sorensen, Peter Birch., (1995) "Changing Views of The Corporate Income Tax," *National Tax Journal*, Vol. 48, no. 2, pp. 279-294.

U.S. Deartment of Treasury (2006) "The Economic Effects of Cutting Dividend and Capital Gains Taxes in 2003," Report of the Department of the Treasury.

Zodorow, George R. (1999) "Incidence of Taxes," In *The Encyclopedia of Taxation and Tax Policy*, edited by Joseph J. Cordes, Robert D. Ebel, and Jane G. Gravelle, Urban Institute Press,

pp.168-173.
〈参照 Web サイト〉
Federal Reserve System,（https://www.federalreserve.gov），2024.
Gallup,（http://www.gallup.com/），2008.
U.S. Census of Bureau,（http://www.census.gov/），2008.
U.S. Department of Commerce, Bureau of Economics Analysis,（http://www.bea.gov），2008.
U.S. Department of Treasury, Internal Revenue Service, Statistics of Income, Individual Tax,（http://www.irs.gov/index.html），2008.
U.S. House Congress,（http://www.house.gov/），2008.
U.S. Library Congress, THOMAS,（http://thomas.loc.gov/），2008.
U.S. Senate Congress,（http://www.senate.gov/），2008.

CHAPTER 5

岩澤聡（2015）「アメリカの 2011 年予算管理法」『外国の立法』3 月号、pp.11-31。
大森拓磨（2014）『米中経済と世界変動』岩波書店。
岡田徹太郎（2013）「21 世紀アメリカ福祉国家システムの展開――ブッシュ共和党政権とオバマ民主党政権の財政政策」『香川大学経済論叢』85 巻 4 号、pp.459-487。
岡本英男（2011）「オバマ政権の歴史的位置」新川敏光編『福祉レジームの収斂と分岐――脱商品化と脱家族化の多様性』ミネルヴァ書房、pp.50-77。
片桐正俊（2015）「オバマ政権の経済・財政政策の成果と課題」『経済学論纂』55 巻 5・6 号、pp.259-286。
坂井誠（2012）「オバマ政権下の諸政策に関する政治経済的分析（3） 金融規制改革と財政論争」『恵泉女学園大学紀要』24 号、pp.27-48。
―――（2014）「オバマ政権下の諸政策に関する政治経済的分析（5） 連邦財政、医療制度改革、移民法改正」『恵泉女学園大学紀要』26 号、pp.111-131。
シュンペーター、ヨーゼフ（1918=1983）『租税国家の危機』木村元一・小谷義次訳、岩波書店。
関口智（2015）『現代アメリカ連邦税制――付加価値税なき国家の租税構造』東京大学出版会。
谷達彦・吉弘憲介（2011）「アメリカ型福祉国家」井手・菊地・半田編著『交響する社会――自律と調和の政治経済学』ナカニシヤ出版、pp.251-280。
塚谷文武「アメリカの連邦所得税改革」諸富徹編『グローバル時代の税制改革』ミネルヴァ書房、pp.111-138。
福田毅（2013）「米国に対する唯一最大の脅威は債務？――米国の財政危機とオバマ政権の国防政策」『海外事情』61 巻 5 号、pp.49-73。
吉田健三（2009）「アメリカにおける消費課税シフトの実態と論理」諸富徹編『グローバル時代の税制改革』、ミネルヴァ書房、pp.163-186。
吉弘憲介（2009）「アメリカの近年の資産性所得減税」諸富徹編『グローバル時代の税制改革』ミネルヴァ書房、pp.139-162。
―――（2013）「アメリカの消費ベース課税思想――1990 年代以降の議論を中心に」宮本憲一・鶴田廣巳・諸富徹編『現代租税の理論と思想』有斐閣、pp.239-258。
廣瀬順子（2011）「【アメリカ】債務上限引上げと財政赤字削減の予算コントロール法成立」『外国の立法』10 月号、pp.1-2。
―――（2013）「【アメリカ】予算の一律削減の開始」『外国の立法』4 月号、pp.7-8。
Diamond, John W. & Zodrow, George R.（2014）*Pathways to Fiscal Reform in the United States*, The MIT Press.
Feldstein, Martin（2013）"An Interview with Paul Volcker," *Journal of Economic Perspectives*,

Vol.27, No.4, pp.105-120.
Gallup (2012) The Gallup Poll Public Opinion 2011, Gallup.
――― (2013) "In U.S., Fewer Mention Economic Issues as Top Problem," Gallup Web Pages.
Joint Committee on Taxation (2013) Report to the House Committee on Ways and Means on Present Law and Suggestions for Reform Submitted to the Tax Reform Working Groups, (JCS-3-13).
Kleinbard, Edward (2010a) "The Congress within Congress: How Tax Expenditures Distort Our Budget and Our Political Processes," *Ohio Northern University Law Review*, Vol.36, No.1, pp.1-32.
――― (2010b) "Tax Expenditure Framework Legislation," *National Tax Journal*, 63(2), pp.353-382.
Palmer, John L. & Penner, Rudolph G. (2012) "The Hard Road to Fiscal Responsibility," *Public Budgeting & Finance*, Vol.32, No.3, pp.4-31.
Toder, Eric (1999) "The Changing Composition of Tax Expenditures: 1980-99," Proceedings of the Ninety-First Annual Conference on Taxation.

CHAPTER 6
関口智 (2015)『現代アメリカ連邦税制――付加価値税なき国家の租税構造』東京大学出版会。
河音琢郎 (2020)「現代アメリカポピュリズムの特徴とその経済的・社会的背景 (1)」『立命館大学経済学会』68巻5/6号、pp.72-84。
本庄資 (2003)『アメリカン・タックス・シェルター 基礎研究』税務経理協会。
吉弘憲介 (2018)「アメリカにおける産業構造の変化と法人税向け租税支出の変遷」『収縮経済下の公共政策』慶応大学出版会。
American for Tax Fairness (2015) "Pfizer's Tax Dodging RX: Stash Profits Offshore" (https://americansfortaxfairness.org/issues/corporate-tax-dodgers/pfizers-tax-dodging-rx-stash-profits-offshore/), (Latest access: 2018/09/25).
Baucus, Max. (2013) Summary of Staff Discussion Draft: International Business Tax Reform, U.S. Senate Committee on Finance.
Clausing, Kimberly A. (2016) "Competitiveness, Tax Base Erosion, and Essential Dilemma of Corporate Tax Reform," Brigham Young University Law Review, Issue 6, pp.1649-1679.
Committee for a Responsible Federal Budget (2013) "Baucus Releases International Tax Reform Draft" (http://www.crfb.org/blogs/baucus-releases-international-tax-reform-draft) (Latest access: 2018/09/25).
Committee on Ways and Means (2014) Tax Reform Act of 2014 Discussion Draft Section-by-Section Summary.
Department of the Treasury (2016) General Explanations of the Administration's Fiscal Year 2017 Revenue Proposals (http://www.treasury.gov/resource-center/tax-policy/Pages/general_explanation.aspx).
Gale, William G. Gelfond, Hilary. Krupkin, Aaron. Mazur, Mark J. Toder, Eric (2018) *Effects of the Tax Cuts and Jobs Act: A Preliminary Analysis*, Tax Policy Center.
Gravelle, Jane (2004) "The Corporate Tax: Where Has It Been and Where Is It Going?" *National Tax Journal*, vol.52, No.4, pp.903-928.
――― (2014) "International Corporate Tax Rate Comparisons and Policy Implications," CRS Report.
Joint Committee on Taxation (2017) Estimated Budget Effect of the Conference Agreement for

H. R. 1, The "Tax Cuts and Jobs Act".
Kleinbard, Edward D. (2011) "Stateless Income," *Florida Tax Review*, Vol.11, No 9, pp.700-774.
Office of Management and Budget (2016) Budget of the U.S. Government Fiscal Year 2017, U.S. Government Printing Office.
Portman, Rob & Schumer, Charles (2015) International Tax Reform Working Group: Final Report, U.S. Senate Committee on Finance.
Smmartino, Frank. Stallworth, Philip. & Weiner, David (2018) "Tax Provisions Across Income Groups and Across the States," Tax Policy Center.
Toder, Eric & Viard, Alan D. (2016) *A Proposal to Reform the Taxation of Corporate Income*, Tax Policy Center.
Congress.gov, H.R.1 - An Act to provide for reconciliation pursuant to titles II and V of the concurrent resolution on the budget for fiscal year 2018 (https://www.congress.gov/bill/115th-congress/house-bill/1?r=5), (Latest access: 2018/09/25).
Wall Street Journal, "GOP Faces Pressure to Slow Tax Bill's Progress in Senate" (Nov/20/2017).
――― "Sens. Rubio, Lee Pitch Expanding Child Tax Credit by Setting Corporate Tax Rate at 22%" (Nov/29/2017).
――― "Senate Bill Exceeds House One-Time Tax Rates on Foreign Income" (Dec/01/2017).
U.S. Senate Committee Finance (2015) International Tax Reform Working Group: Final Report.

FINAL CHAPTER
金子勝（2023）『イギリス近代と自由主義――近代の鏡は乱反射する』筑摩書房。
グレーバー、ディーヴィッド（2016）『負債論――貨幣と暴力の5000年』酒井隆史監訳、高祖岩三郎・佐々木夏子訳、以文社。
瀬尾崇（2023）「「貨幣の信用理論」の再構築に向けたエコロジー貨幣論からの示唆」『季刊経済研究』41巻1-4号、pp.29-48。
ポランニー、カール（2009=1944）『（新訳）大転換――市場社会の形成と崩壊』野口建彦・栖原学訳、東洋経済新報社。
諸富徹（2020）『資本主義の新しい形』岩波書店。
山川俊和（2023a）「SDGsと環境経済政策：脱炭素化、エネルギー転換、世界経済」『季刊経済理論』60巻1号、pp.21-31。
――― （2023b）「プラットフォーム資本主義の環境的基盤」『プラットフォーム資本主義を解読する』ナカニシヤ出版、pp.111-124。
Anchorage Daily News (2024) "States Rethink Data Centers as 'Electricity Hogs' Strain the Grid" (https://www.adn.com/nation-world/2024/05/04/states-rethink-data-centers-as-electricity-hogs-strain-the-grid/).
Apprenticeship USA Home Pages, "Registered Apprenticeship Program" (https://www.apprenticeship.gov/employers/registered-apprenticeship-program) (Last Date: 29/Jun/2024).
Committee on Responsibility for Federal Budget (2022) "CBO Scores IRA with $238 Billion of Deficit Reduction" (https://www.crfb.org/blogs/cbo-scores-ira-238-billion-deficit-reduction).
BBC (2024a) "Electricity Grids Creak as AI Demands Soar" (https://www.bbc.com/news/articles/cj5ll89dy2mo).
――― (2024b) "Boom Times for US Green Energy as Federal Cash Flows in" (https://www.bbc.com/news/business-68667140)
McBride. William & Bunn. Daniel (2023) "Repealing Inflation Reduction Act's Energy Credits Would Raise $663 Billion, JCT Projects," Tax Foundation (https://taxfoundation.org/blog/

inflation-reduction-act-green-energy-tax-credits-analysis/).

McBride. William, Muresianu. Alex, York. Erica & Hartt. Michael (2023) "Inflation Reduction Act Impact: One Year After Enactment" (https://taxfoundation.org/research/all/federal/inflation-reduction-act-taxes/).

O'Neill. Colleen (2022) "Overview of the Inflation Reduction Act's 15% corporate minimum tax on book income," EY (https://www.ey.com/en_us/insights/tax/iras-15-corporate-minimum-tax-on-book-income).

Power Technology (2021) "US Tech Giants to Lead Renewable Energy Business in the Next Five to Ten Years: Poll" (https://www.power-technology.com/news/us-tech-giants-to-lead-renewable-energy-business-in-the-next-five-to-ten-years-poll/).

Smith. Jasia & Friedman. Jamie (2024) "Underserved Communities Are Benefiting From the Inflation Reduction Act's Investments in Clean Energy and Technology" Center of American Progress (https://www.americanprogress.org/article/underserved-communities-are-benefiting-from-inflation-reduction-acts-investments-in-clean-energy-and-technology/).

The White House Home Pages, "The Build Back Better Framework" (https://www.whitehouse.gov/build-back-better/) (Last Date: 29/Jun/2024).U.S. Department of Labor HomePages, "Prevailing Wage Information and Resources" (https://www.dol.gov/agencies/eta/foreign-labor/wages) (Last Date: 29/Jun/2024).

U.S. Department of Labor Home Pages, Prevailing Wages, (https://flag.dol.gov/programs/prevailingwages last update: 2024/11/05).

U.S. Energy Information Administration (2024) "United States produces more crude oil than any country, ever" (https://www.eia.gov/todayinenergy/detail.php?id=61545).

U.S. Energy Information Administration Home Pages, "Frequently Asked Questions (FAQS) How much petroleum does the United States import and export?" (https://www.eia.gov/tools/faqs/faq.php?id=727&t=6)

U.S. National Archives Federal Register HomePages (2022) "Prevailing Wage and Apprenticeship Initial Guidance Under Section 45 (b) (6) (B) (ii) and Other Substantially Similar Provisions" (https://www.federalregister.gov/documents/2022/11/30/2022-26108/prevailing-wage-and-apprenticeship-initial-guidance-under-section-45b6bii-and-other-substantially).

U.S. Securities Exchange Commission EDGAR (2023) "United States Securities and Exchange Commission Washington, D.C. 20549 Form 10-K (Mark One) Duke Energy Corporation 20-2777218" (https://www.sec.gov/Archives/edgar/data/37637/000132616024000037/duk-20231231.htm).

おわりに

　本書は、筆者がこれまで取り組んできたアメリカ法人税における産業構造との関係に関する考察をまとめたものである。本書をまとめるにあたり、2023年度決定、「2024年度交付桃山学院大学学術出版助成図書」の助成を頂いている。また、本書第1章は2020年に桃山学院大学よりいただいた存外研究の成果をまとめたものである。貴重な予算と研究時間を賜ったことで、成果物を発表することができた。桃山学院大学、学校法人桃山学院の関係者に、ここに記して謝意を申し上げる。

　筆者は、法政大学経済学部で金子勝先生の薫陶を受け、2002年から東京大学大学院経済学研究科において神野直彦先生の元で学び始めた。当初は、2000年初頭のインターネットの黎明期において電子課税を扱うつもりで進学したものの、神野先生の教えは「深い穴を掘るためには広い穴を掘るべき、はじめから特定の税目だけを研究するのではなく、広く財政学の根本議論を引き取ったテーマを研究してはどうか」とのお言葉であった。今にして思えば、神野先生のお言葉は、まさに正鵠を射たご指導であった。電子課税は、その後も非常にホットなテーマとなっていったものの、筆者の関心事はむしろ、資本主義経済のあり様と税制との関係（あるいは、筆者の畏友である山川俊和氏の言葉を借りれば「ネクサス（Nexus）」）に移っていった。

　法人税における租税特別措置、とりわけ加速度償却制度や税務上の償却制度の成り立ちを見れば、その時々の生産システム、とりわけ資本主義における生産システムの特徴は税制の根幹に関わる税務会計や企業会計と相互に影響を与え合いつつ発展してきた。また、特定の産業構造において所与とされてきた制度が、生産システムの一国内、世界経済内における位置づけを変えると、制度そのものが持つ意味合いそのものが変化することも、電子課税だけを見ていては気が付かない要素であったと思える。本書をまとめるのに、思わず多くの年月を重ねてしまったが、その間、産業構造や世界経済システムの大きな変動のなかで、切り取り写真のように行ってきた研究を曲がりなりにもひとつのストーリーにまとめることができたのは、大学院時代の様々

な先生からのご指導によるものである。

　東京大学大学院名誉教授の渋谷博史先生からは、アメリカ財政研究における基礎をご指導賜り、本書第2章の下敷きとなった著者の修士論文や博士課程における様々なご指導がなければ、とてもアメリカをテーマに論文を書くことはできなかった。大学近くの居酒屋で繰り返し、アルコールをともにしながらご指導を頂いた日々がただただ懐かしく思える。本書をぜひ、渋谷先生にお届けしたかったが、時すでに遅く鬼籍に入られた先生から本書の実証の不十分さをご批判いただけないことが残念でならない。

　また、やはり鬼籍に入られた元横浜国立大学大学院の金澤史男先生からも、多大なる学恩を受けた。本書が、多少なりともその学恩に報いたものとなることを、ただただ祈るばかりである。

　慶應義塾大学の井手英策先生には、大学院時代から修士論文や博士課程における執筆論文に対して、多くの実質的ご指導やアドバイスをいただいた。井手先生がおられなければ、私の論文が完成することはなかっただろう。

　アメリカ租税論の先輩にあたる立教大学関口智先生にも、多くのアドバイスをいただくことで、本書のもととなる論文を書き上げることができた。やはり、アメリカ財政研究の先輩にあたる香川大学大学院の岡田徹太郎先生からも、アメリカ研究における視座について多くの示唆を得てきた。同じく、大学院の先輩にあたる埼玉大学大学院の高端正幸先生にも、本書に収録する論文に対して様々ご指導をいただいた。今では同僚となった桃山学院大学、木村佳弘先生は、本書をまとめる際にもコメントをいただき大変長期間にわたって筆者を支えてくださった。横浜国立大学大学院の伊集守直先生は、大学院で私の学年一つ上の先輩にあたり、公私ともにお世話になった。また、大阪公立大学の水上啓吾先生とは、大学院時代、その後も研究について多くの議論を交わさせていただいた。

　また、多くの先生、先輩、同輩、後輩に助けていただき、今回の本をまとめることができたと確信している。

　筆者の研究者としての最初の赴任地は鳥取県で、そこで（財）とっとり地域連携・総合研究センターの研究員としてアカデミックキャリアをスタートさせた。アメリカ財政論からともすると離れていってしまう業務のなかで、

おわりに

　アメリカ財政に関する継続した研究への機会をいただくきっかけになったのは、京都大学大学院の諸富徹先生からの研究会へのお誘いの言葉であった。大阪市立大学・滋賀大学名誉教授の宮本憲一先生が主催される国家経済研究会において、当時のアメリカにおける金融課税や消費課税論に関する研究を進めることができ、本書のいくつかの章では、この期間の研究があったからこそまとめることができたものが少なくない。

　最初の大学での職を得たのは、公立大学下関市立大学であった。ここでは、現・周南公立大学の難波利光先生と出会うきっかけを得た。難波先生は、カリフォルニア州の納税者の反乱を研究されており、アメリカ財政論における新たな知見を学ばせていただくきっかけをいただいた。下関市立大学の水谷利亮先生には、地方自治論を中心に市民社会における行財政のあり方に関して、多くの議論を交わさせていただいた。また、現・桃山学院大学の山川俊和先生や、現・甲南大学の中川真太朗先生との出会いも下関市立大学でもたらされた、筆者の人生におけるかけがえのない経験であった。

　また、本書をまとめるにあたり、ナカニシヤ出版の酒井敏行さんには大変お世話になった。ここに記して謝意を申し上げたい。

　現職である桃山学院大学に赴任して以降は、恵まれた研究環境のもとでアメリカ財政論と地域経済や地方財政研究との同時並行での研究を続けてきた。元来のまとまりのない性格故か、先程も述べたように、大学院時代からのテーマであるアメリカ財政論における産業構造との関わりをまとめることに、思いがけず遠回りをしてしまった。こうした遠回りが、むしろ新しい問題意識を本書に込めるきっかけであったと、願うばかりである。

　なお、本書の各章における初出等の一覧は次のとおりである。時間的経過から、大幅に加筆修正したものも少なくないが、第6章においては発表タイミングが極めて近くなってしまった。初出の「TCJA2017におけるアメリカ法人税の国際課税方式の変更に関する議論とその影響」は2018年第75回日本財政学会報告である「法人税の租税支出の構造変化――外国子会社利益 繰り延べ措置を中心に」をもとにBEPSでの議論との対比からまとめたものである。一方で、本書第6章はトランプ政権における税制改革全体と、過去の政権における税制改革との連続性に焦点を当てているため、基本的に

177

は異なった問題意識の研究となっている。

　以下、初出について記す。なお、それぞれの章の内容は、おおむねこれらの初出作に加筆修正を加えたものである。

　　第1章　書き下ろし。
　　第2章　「1990年代のアメリカ法人税の特徴——租税支出と企業投資行動を中心に」『証券経済研究』54巻6号、2004年、105-124頁。
　　第3章　「第11章　アメリカにおける産業構造の変化と法人税向け租税支出の変遷——2000年代以降を中心に」四方理人・宮崎雅人・田中聡一郎編著『収縮経済下の公共政策』慶應義塾大学出版会、2018年、219-242頁。
　　第4章　「アメリカの近年の資産性所得減税」諸富徹編著『グローバル時代の税制改革——公平性と財源確保の相克』ミネルヴァ書房、2009年、139-161頁。
　　第5章　「オバマ政権下の包括税制改革提案を巡る議論とその特徴——第112議会における下院歳入委員会提出報告書を題材として」『桃山学院大学経済経営論集』57巻3号、2016年、67-99頁。
　　第6章　「TCJA2017におけるアメリカ法人税の国際課税方式の変更に関する議論とその影響」諸富徹・宮本十至子・篠田剛編著『デジタル時代の税制改革——100年ぶりの国際課税改革の分析』ミネルヴァ書房、2024年9月、136-163頁。
　　終章　書き下ろし。

　最後に、本書をまとめることができたのは、筆者の家族の助けがあってからだった。私事になるが、私の母・香苗は広島大学大学院修士課程に進学したが、体調不良もあり、最後まで修了せずに終わった。子供心に母の無念を思わない日はなかった。私が、最後まで大学院への進学を迷っていたなかで、当時、緊急入院した母が病床から、必ず大学院に進むべきだと励ましてくれ

おわりに

たことを忘れたことはない。本来なら働いて家族に報いるべき年齢だったにもかかわらず、大学卒業後、長い期間、家計の厄介になったことを温かく認めてくれた父・幸介にも感謝申し上げる。

そして、夭折した兄・幸平に本書を捧げる。優しかった兄の面影を追いかけ、なんとかこの歳まで研究者、教育者、夫、父として生きてこられたことを感謝する。これからの人生においても、この感謝を忘れず誠実に歩んで行くことを本書の上梓を機にあらためて誓うこととしたい。

2024年7月吉日

吉 弘 憲 介

索　引

ア行

アストラゼネカ　15
域内課税方式　8, 28, 124, 129-131, 133, 136, 138
移行期清算課税（Deferred Foreign Income upon Transition to the Participation Exemption System of Taxation）　129, 139, 140
インフレ削減法（Inflation Reduction Act, IRA）　146, 148, 150-155
請負製造契約　16
　　──方式　15
オバマ（Barack H. Obama）　15, 18, 28, 56, 57, 59, 60, 71, 76, 87, 93-99, 101, 102, 105, 107, 114, 115, 125, 132, 138-141

カ行

海外分配無形資産源泉所得（Foreign-Derived Intangible Income）　130
外国子会社の課税後所得（Global Intangible Low-Taxed Income, GILTI）→　GILTI
外国税額控除　15, 17, 130, 132
加速度償却制度（Accelerated Cost Recovery System, ACRS）　5-7, 18, 21, 22, 25-28, 32-34, 36, 37, 39, 40, 41-45, 52, 53, 55, 56, 59-64, 67, 70, 71, 73, 108, 128, 146, 155
過大支払利子　15
キャンプ・プラン（2014年税制改革法案）　133, 136, 138, 139
旧炭素エネルギー地域ボーナス（Energy Community Bonus）　152
クリントン（Bill Clinton）　1, 27, 32, 38, 45, 48, 59, 60, 89, 107, 155
グレーバー（David Graeber）　145
国際的な企業合併を用いた節税手法（tax inversions/foreign acquisitions）　135
国内素材ボーナス（Domestic Contents Bonus）　152
雇用創出効果　22
雇用創出労働者支援法（The Job Creation and Worker Assistance Act of 2002）　57

サ行

歳出ベース法（expenditure base）　3
再生可能エネルギー施設に対する投資税額控除（Investment Tax Credit, ITC）　151
再生可能エネルギー発電税額控除（Production Tax Credit, PTC）　151
財政責任・財政再建国民会議（National Commission on Fiscal Responsibility and Reform）　96, 107
歳入ベース法（revenue base）　3

財務諸表に基づく企業利益へのミニマム課税（Book Minimum Tax, BMT）　148-150
サブパートF所得　129, 134
自社株買い戻しに対する消費課税（Excise Tax）　150
スコチポル（Theda Skocpol）　78
税源侵食濫用防止規定（Base Erosion Anti-Abuse Tax, BEAT）　130
政治の二極化　77, 101
全世界課税方式　8, 71, 129, 131, 132, 136-138
租税改革委員会のための現行法と論点に関する整理報告書（Report to the House Committee on Ways and Means on Present Law and Suggestions for Reform Submitted to the Tax Reform Working Groups）　105
租税国家の危機　101-104
租税支出（Tax Expenditure）　2-4, 6, 7, 18, 26, 27, 31-34, 36-41, 43, 45-49, 52, 53, 59, 70, 71, 100, 107-110, 113-115, 123, 124, 139, 141, 145, 148, 151, 153, 154
　　――算定報告書（Estimates of Federal Tax Expenditures）　4

タ行

第三者取引価格（アームレングス価格）　16
タックス・ベネフィット　127, 128, 131, 146
チェックザボックス　133
　　――方式及びハイブリッド事業体を用いた租税回避　15, 16
チェティ（Raj Chetty）　83, 85
トランプ（Donald Trump）　1, 28, 71, 93, 124, 125, 132, 138, 151, 155

ナ行

内国生産活動控除（IRS Section 199: Domestic Production Activities Deduction）　128
二重課税問題　72, 73-75, 79, 88

ハ行

バイデン（Joe Biden）　28, 146, 148, 149, 152, 153, 155
パス・スルー団体　127, 128
ハッカー（Jacob Hacker）　76, 78
ハワード（Christopher Howard）　4
ピアソン（Paul Pierson）　76, 78
被支配海外子会社（CFC）　129, 132, 133, 134, 136-141
ファイザー　15, 135
ファイナンス・ベネフィット　127
複合企業体（コングロマリット）　10, 18
ブッシュ（George W. Bush）　28, 55, 57, 59, 60, 72, 75, 76, 78, 94-96, 98, 102, 105-107, 112, 114, 115, 128

索　引

ブッシュ（父）（George H. W. Bush）　32, 37
ブラケット・クリープ　33
分析的展望論（Analytical Perspectives）　3
包括的税制改革提案　94, 105, 106
ボーカス・プラン（2013年上院財政委員会国際課税方式会議資料）　132-134, 138, 139
ボーナス償却制度　27, 55, 57, 60-63, 65, 67-71, 128

マ行
無形資産　13, 22-25

ラ行
ライシュ（Robert B. Reich）　92
両党政策センター債務削減タスクフォース　108
レーガン（Ronald Reagan）　2, 4-6, 33, 35, 37, 59, 60, 125, 141, 155
連邦歳入法179条による償却制度　58

英・数
ACRS　→　加速度償却制度
AI　147
FBCII　134, 135
Form W-2給与　128
GILTI　129, 130, 132, 134-136
JAGTRRA2003　74, 75, 87
MACRS（修正ACRS）　40-43, 45
New Views　79, 85, 86
OBRA90　38, 39
OBRA93　38, 39, 45, 48, 49, 52, 59
Old Views　79, 86
TRA86　31-33, 35, 36, 40, 52, 53
TRF97　39

1986年税制改革（Tax Reform Act of 1986）　2, 8, 26, 27, 36, 40, 46, 95, 108, 114, 124, 125, 131, 141
2003年雇用・成長減税リコンシリェーション法（Jobs and Growth Tax Relief Reconciliation Act of 2003, JAGTRRA2003）　→　JAGTRRA2003
2003年雇用と成長のための減税法（Jobs and Growth Tax Relief Act of 2003）　57
2008年景気刺激法（Economic Stimulus Act of 2008）　57
2009年アメリカ再生・再投資法（American Recovery and Reinvestment Act of 2009）　57, 93

2010年減税・失業保険再認可及び雇用創出法（Tax Relief, Unemployment Insurance Reauthorization, and Job Creation Act of 2010） 96
2011年超党派による公平・簡素税制改正案（Bipartisan Tax Fairness And Simplification Act of 2011） 111
2011年予算管理法（Budget Control Act of 2011） 94, 101, 102, 104
2012年アメリカ納税者救済法（The American Taxpayer Relief Act of 2012） 58, 102
2013年超党派予算法（Bipartisan Budget Act of 2013） 102
2014年増税防止法（Tax Increases Prevention Act of 2014） 58, 68
2015年増税からのアメリカ人保護法（The Protecting Americans from Tax Hikes Act of 2015） 58, 59
2017年減税・雇用法（Tax Cut and Jobs Act of 2017, TCJA2017） 8, 28, 123-127, 129, 141

吉弘憲介（よしひろ・けんすけ）

1980年、長野県生まれ。法政大学経済学部卒業、東京大学大学院経済学研究科博士後期課程単位取得退学。現在、桃山学院大学経済学部教授。財団法人とっとり地域連携総合研究センター研究員、下関市立大学准教授、桃山学院大学経済学部准教授を経て2021年10月より現職。専門は財政学、地方財政論。主著に『検証　大阪維新の会――「財政ポピュリズム」の正体』（ちくま新書、2024年）、『国税・森林環境税――問題だらけの増税』（共著、公人の友社）など。

アメリカにおける産業構造の変化と租税政策
クリントンからトランプ、バイデン政権まで

2024年12月25日　初版第1刷発行　　（定価はカヴァーに表示してあります）

著　者　吉弘憲介
発行者　中西　良
発行所　株式会社ナカニシヤ出版
　　　　〒606-8161 京都市左京区一乗寺木ノ本町15番地
　　　　TEL 075-723-0111
　　　　FAX 075-723-0095
　　　　http://www.nakanishiya.co.jp/

装幀＝白沢　正／印刷・製本＝創栄図書印刷
© Kensuke Yoshihiro 2024　　Printed in Japan.
＊乱丁・落丁本はお取り替え致します。
ISBN978-4-7795-1830-0　C3033

本書のコピー，スキャン，デジタル化等の無断複製は著作権法上での例外を除き禁じられています。本書を代行業者等の第三者に依頼してスキャンやデジタル化することはたとえ個人や家庭内の利用であっても著作権法上認められておりません。

揺らぐ中間層と福祉国家
―支持調達の財政と政治―

高端正幸・近藤康史・佐藤滋・西岡晋 編

福祉国家の支持基盤である中間層が縮小するなかで、福祉国家はどこに向かっているのか。日本、アメリカ、イギリス、ドイツ、フランス、スウェーデンの6カ国について、財政学と政治学の観点から考察する。

三六〇〇円+税

ポピュリズム、ナショナリズムと現代政治
―デモクラシーをめぐる攻防を読み解く―

渡辺博明 編

イギリス、ドイツ、フランスをはじめとするヨーロッパ各国および日本と韓国におけるナショナリズム、排外主義的な右翼ポピュリズムの現状を概観し、それに対する対抗戦略のあり方を考察する。

三五〇〇円+税

ポスト・グローバル化と国家の変容

岩崎正洋 編

権威主義化、規制国家化、国家の成員の変容……。グローバル化は国家のあり方にどのような変動をもたらしたのか。ポスト・グローバル化における「国家のリバイバル」と呼ばれる現象のなかで、今後の展望をうらなう。

三三〇〇円+税

ヨーロッパ・デモクラシーの論点

伊藤武・網谷龍介 編

左右のポピュリズムの台頭、ユーロ危機、イギリスのEU脱退、難民危機――。危機と刷新に直面するヨーロッパ・デモクラシーが直面する問題を、アクターと政策課題に注目しながらテーマ別に解説する。

二八〇〇円+税